사
찰
의
비
밀

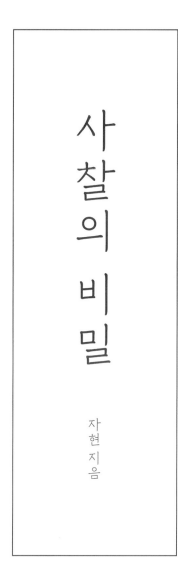

구석구석 숨겨진
대웅전 뒤편 산신각까지
일주문에서

사찰의 비밀

자현 지음

담앤북스

들어가며

율곡은 오십견의 고통을 몰랐다. 율곡은 우리나라 나이로 마흔아홉에 돌아가셨다. 50대가 되면 찾아온다는 어깨의 통증을 체험할 나이도 되기 전에 세상을 하직한 것이다.

환갑이면 장수했다며 동네잔치를 하던 시절에는 이렇다 할 성인병이 없었다. 대다수의 사람들은 본격적인 성인병 발생 이전에 사망했다. 하지만 지금은 장장 1세기를 살아야 하는 시대이다. '젊음'이 끝나는 시간은 예나 지금이나 마찬가지지만 후반기의 삶은 아주 길어진, 저주받은 시대인 것이다.

정년 이후 40년 이상의 세월을 우리는 무엇을 하며, 무엇을 즐기면서 행복을 향유해야 할 것인가?

나는 '문화에 대한 즐김'이라고 주장하고 싶다. 문화는 시절이 흐른다고 가볍게 변하지 않는다. 세월과 더불어 중후한 아름다움과 깊이 있는 무게감으로 남는다. 그러므로 문화를 즐기는 사람은 오래도록 그 덕이 쇠하지 않고 더불어 여유와 행복을 향유할 수 있다.

축구 vs 야구

경기 규칙을 모르는 여자 친구라면 축구장에는 데려가도 좋지만 야구장에 데려가는 것은 곤란하다.

축구는 장님만 아니면 5분 이내에 경기의 룰을 파악할 수 있다. 그만큼 쉽고 단순한 규칙의 스포츠가 축구다. 하지만 야구는 1시간을 봐도 경기의 규칙을 파악하기가 쉽지 않다. 여기에 야구는 투수와 타자 간의 눈에 보이지 않는 심리전까지 존재한다. 그렇기 때문에 야구의 규칙을 모르는 여성으로서는 여간 답답한 일이 아니다. 그래서 같이 간 남자친구에게 야구 룰을 물어보면, 집중해서 경기를 보고 있는 남자로서는 이게 여간 짜증나는 일이 아니다. 이어지는 남성의 불친절한 대답과 여성의 소외, 결국 이것이 다툼의 원인이 된다.

이 세상에는 배우지 않아도 알 수 있는 것과 배운 뒤에야 비로소 즐길 수 있는 가치가 존재한다. 마치 축구와 야구처럼. 문화도 마찬가지다. 모국어를 배울 때처럼 익숙해지면 저절로 알게 되는 것이 있는 반면, 수십 년을 지내도 별도로 배우지 않으면 영원히 모르는 제사와 같은 것도 있다. 왜 제사는 오래도록 되풀이해도 그 의미를 알 수 없는 것일까? 이유는 간단하다. 그 속에 유교의 종교적인 의미가 내포되어 있고, 그 핵심은 제사의 표면이 아닌 이면에 존재하기 때문이다.

불교문화 역시 마찬가지다. 우리나라에서 불교는 종교이자 '공공재'의 성격을 갖는다. 불교를 신앙하지 않아도 여행이나 답사라면 꼭 들르게 되는 곳이 사찰이다. 이 과정에서 여러 가지의 다양한 불교문화와 조우하곤 한다. 그러나 불교문화는 불교라는 종교의 의미를 상징적으로 표현한 것이므로, 이 역시 별도의 배움이 없다면 내용을 알수가 없다.

불교를 넘어선 불교문화

불교는 1,600년 이상을 우리와 함께하면서, 특유의 어울림으로 우리 전통문화를 커다란 테두리로 감싸 안고 있다. 즉 불교문화를 통해서 우리는 우리의 전통문화 전반을 이해해 볼 수가 있는 것이다. 이것이 불교라는 안경을 통한, 불교를 넘어선 불교문화의 진정한 저력이라고 하겠다.

『사찰의 상징세계』를 출판한 것이 지난 2012년 6월이니, 어느덧 2년 하고도 3개월이 흘렀다. 『사찰의 상징세계』는 2012년 문화체육관광부 우수교양도서에 선정되었고, 또 주위 분들에게 많은 칭찬을 받았던 책이다. 그러나 어떤 책이나 글이든 작자의 입장에서 아쉬움이 남는 대목이 없을 수 없다. 그 여운을 사찰과 관련된 비밀코드와 연결시켜 새롭게 제시한 것이 바로 『사찰의 비밀』이다.

익숙하지만 잘 모르는 것, 그리고 처음이지만 알고 싶은 것, 또 꼭 알아야 함에도 쉽게 지나쳤던 것들을 한 권으로 엮어 보았다. 이 책을 통해서 불교문화는 더 이상 야구가 아닌 축구로 거듭나게 된다. 투수와 타자의 심리 싸움만큼이나 진지한 재미를 타클라마칸 사막의 모래바람을 타고 온 사찰의 미美 속에서 확인하는 기쁨을 여러분과 함께 누려 보았으면 한다.

책을 펼치는 순간 여러분은 알라딘의 램프를 가지고 앨리스가 되어 이상한 나라로 낭만의 여행을 떠나게 된다. 준비되었다면 책을 들어라. 그리고 펼쳐서 불교와 전통의 향기 속 낭만 검객이 되어 보라.

2014년 9월에 이 책이 발행되었으니, 어느덧 햇수로는 5년이 흘렀고 판도 6쇄나 발행되었다. 단명하는 책들이 많은 시절에 나름 시장의 인정을 받은 셈이다. 해서 표지와 판형 및 내용을 보충한 개정판을 제작하게 되었다. 모쪼록 보다 많은 사람이 손쉽게 접근하는 불교 문화의 교양서로 우뚝 섰으면 하는 바람을 가져본다.

무하유지향無何有之鄉에서
붓다의 눈썹 위를 거닐어 보며

자 현 筆

3장 ❀ 전각의 배치와 장엄

4장 ✿ 안에서 본 법당

5장 ✿ 수행과 의식의 상징물

사찰의 본래 기능은 기도와 수행이다.
하지만 우리나라에서는 이외에도 다양한 기능이 부가되었고,
이런 기능들이 역으로 불교 안팎에 많은 변화를 주기도 했다.

1장

산문이 열리고
이름이 생기다

01.

절은 왜
산으로 갔을까

절을 대표하는 이름
산사山寺 이야기

청도 운문사 전경

　　산사山寺라는 말이 대변하듯 옛 사찰이라 하면 으레 숲이 울울창창한 산속에 있으려니 짐작한다. 하지만 사찰이 처음부터 마을과 멀리 떨어진 산속에 자리 잡고 있었던 건 아니다. 석가모니 부처님은 사찰이 들어서야 하는 곳에 대해 '마을과 멀거나 가깝지 않은 곳'이라는 표현을 사용했다.(『사분율』✽「방사건도房舍許度」) 실제로 부처님이 가장 오래 머물렀던 수행처인 기원정사(19~25년 정도 머물렀던 것으로 추정)는 당시 번화했던 도시 중 하나인 사위성에 자리 잡은 7층 목조건물이었다. 물론 부처님 당시 수행처가 모두 이런 곳에 있었던 것은 아니다. 숲속이나 나무 밑을 의지처 삼아 수행하는 수행자도 매우 많았다. 하지만 부처님이 머물렀던 여러 사원의 위치를 봤을 때 애초 사찰이 위치하고자 했던 곳이 산속이나 인적이 드문 외진 곳이 아니었다는 점은 분명하다. 이런 입지 선택은 당시 수행자들의 탁발托鉢 문화와도 밀접한 관련이 있다.

여수 흥국사 홍교(무지개 다리)
고찰은 산에 남아 있는 경우가 많다. 이런 연유로 계곡을 건너는 옛 다리가 많이 남아 있다.

탁발 때문에 결정된 사찰의 위치

＊탁발
출가 승려의 청렴한 생활방식
이자 수행방식으로 집집마다
다니며 벌이 꽃에서 꿀을 취하
듯 하는 것을 말한다. 탁발하는
승려의 자신과 음식에 대한 집
착을 없애고 보시하는 이의 복
덕을 길러주는 공덕이 있다고
하여 석가모니 부처님 당시부
터 행하였다.

부처님 당시 사찰은 요즘과 달리 '부엌'이 없었다. 당연히 사찰에서는 음식을 조리할 수 없었다. 당시 수행자들은 마을에 들어가 음식을 빌어 온 후 적당한 곳에서 공양하는(먹는) 것이 일반적이었다. 불교도 이런 전통을 따랐다. 이런 인도의 탁발＊ 문화는 자연스레 사찰이 마을과 너무 멀리 떨어진 곳에 들어서는 것을 허락하지 않았다.

인도의 탁발 전통은 기후나 이에 따른 음식 문화와도 무관치 않다. 인도는 무덥고 강우량이 많기 때문에 농사에 맞춤인 땅이다. 그런데 이 농사라는 게 특성상 한철에 집중적인 과過생산이 이루어진다. 예를 들어 상추나 깻잎을 심게 되면 어느 순간 도저히 혼자 혹은 한 집이 다 먹을 수 없는 상태에 도달한다. 우리가 상상하는 시골의 '넉넉한 인심'은 이런 농업의 특성과도 무관하지 않다. 인도는 먹거리가 넘쳐 나는 지역이다. 여기에 인도의 기후 특성이 또 탁발 문화에 한몫을 한다. 더운 날씨 탓에 음식이 금방 상하게 되기 때문이다. '남을 음식'을 미리 나눠 주는 풍습은 이런 이유에서 기인한다. 재가인은 수행자에게 음식을 보시하면서 남을 음식을 줄이고 공덕을 쌓을 수 있게 되는 것이다. 이런 연유로 지금도 고마움은 통상 탁발 받는 수행자가 아니라 보시하는 재가자가 표현하게 된다. 이렇게 탁발 문화가 일반화된 곳에서 사찰의 위치는, 당연히 마을과 '인접'한 곳이어야 했다.

인도의 기원정사 터
부처님 당시 번화했던 도시 중
하나인 사위성에 자리 잡고 있
었다.
중앙에는 7층 목조건물이 위치
했다는 기록이 있다.

❀ 전륜성왕轉輪聖王
산스크리트어 차크라바르틴
Cakravartin의 뜻을 옮긴 것으로,
인도 신화 속의 이상적인 제왕
을 말한다. 여래와 같은 32가지
신체적 특징을 갖추고, 윤보輪
寶, 백상보白象寶, 감마보紺馬寶
등의 7가지 보물을 가지며, 무
력이 아닌 정법正法으로 세상
을 통치한다고 한다.

우리나라도 초기에는 도심에 자리 잡아

황룡사는 신라의 정복군주이자 전륜성왕轉輪聖王❀에 비견되는 진
흥왕이, 황궁[紫宮]을 지으려다가 황룡이 나타나는 서상瑞祥을 입어 사
찰로 바꾸었다는 신라 최대의 가람이다. 이 기록은 우리에게 사찰의
건립 입지立地를 분명하게 말해 주고 있다. 왕이 사는 궁궐은 당연히
도시의 중심부에 위치한다. 즉 황룡사는 인도의 기원정사처럼 도시의
안쪽에 있었던 사찰인 것이다. 황룡사와 가까운 북쪽에는 원효 스님
이 주석한 것으로 유명한 분황사가 있고 바로 남쪽에는 미탄사가 인
접해 있다. 모두 '시내'라고 할 만한 곳이다.

그런데 우리나라는 인도와 달리 탁발 문화가 없었고 사원 안에서 음식을 조리해 먹을 수도 있었는데 왜 산이 아닌 도시에 위치했을까? 이유는 간단하다. 왕이나 귀족들이 수시로 참배 다니던 사찰은, 당연히 이들이 사는 곳에서 가까워야 했기 때문이다. 사람들이 무시로 드나들어야 하는 동사무소가 마을의 중심에 있어야 하는 것처럼, 당시 사찰은 누구나 가까이서 즐겨 찾는 곳이었기 때문에 마을과 먼 산에 위치할 수는 없었던 것이다.

황룡사 복원 모형
신라 시대 최대 가람으로 왕궁과 인접한 곳에 있었다.

❋ 선농일치禪農一致
선수행과 농사를 하나로 보는
관점으로 농사짓는 것이 곧 수
행이라는 의미이다.

선종의 흥기와 산사의 탄생

불교가 번성한 중국 당나라 때에 이르면 도심 사찰은 현대의 교회
처럼 포화 상태에 이른다. 이때 선종이 내면적인 명상을 주장하며 후
발주자로 등장하는 과정에서 사찰 일부가 산으로 들어가게 된다. 도
시에는 더 이상 자리 잡을 곳이 없었고, 또 참선 수행에 있어서도 도시
보다는 산속이 더 적합했기 때문이다.

그러나 산은 신도들의 경제적인 후원을 받는 데 어려움이 있었다.
이 때문에 선농일치禪農一致❋와 같은 자급자족 문화가 탄생하게 된다.
백장 스님(749~814)이 "하루 일하지 않으면 하루 먹지 않는다."고 한 것
은 당시의 척박한 산사 문화를 잘 나타내 주고 있다.

이와 같은 중국 선종의 전통은 우리나라에도 그대로 전해진다. 그
결과 신라 말부터 유행하는 선종의 아홉 학파는 한결같이 산속에 자
리하게 된다. 이를 9산선문, 즉 '아홉 산에 자리 잡은 선종의 학파'라고
한다. 최치원이 남긴 4비문(四山碑銘) 중 하나인 〈지증대사비(鳳巖寺智證大
師寂照塔碑)〉에는 9산선문보다 5개가 많은 14산선문이 기록되어 있다.
이 14산선문 역시 모두 산을 끼고 있었다.

신선사상과 군사적 목적도 한몫

우리나라는 산이 매우 많다. 덕분에 '선仙'과 같은 산악숭배 문화가
발달한다. '仙'이란 글자를 풀어 보면 사람이 산에 기대어 있는 모습
(人+山)이다. 발해만 쪽에서 흥기했던 신선사상도 이와 연관이 있다. 이

런 산악숭배 전통은 불교에도 많은 영향을 미쳤다. 아직도 큰 절에 가면 삼성각에 산신이나 독성을 모셔 놓곤 한다. 이는 신선사상과 불교의 습합을 잘 보여 주는 예다.

자연스레 군사적 역할을 일부 담당했던 사찰도 있다. 자장 율사가 창건한 강원도 평창의 월정사는, 삼국 시대 신라의 최전방에 건립된 사찰이다. 이 절은 고구려의 남하를 저지하고 동북방의 지역 민심을 안정시키려는 이중의 역할을 수행했다. 이런 군사적 목적의 전환이 가능한 측면이 있었기 때문에 월정사는 한국전쟁 당시 후퇴하는 아군에 의해 전소되는 아픔을 겪기도 했다.

또 전쟁이나 민란이 잦은 경우 사찰에는 자체 방어 인력이 있기도 했다. 대표적인 예가 승군이다. 이들을 수원승도隨院僧徒라고 하는데, 사찰의 하급 승려들로 구성된 일종의 병농일치兵農一致의 군대라고 생각하면 된다. 다시 말하면 해당 사찰을 방어하는 경비부대인 것이다. 이들 중 군대의 성격이 보다 강한 것으로 항마군降魔軍, 즉 마귀를 항복받는 군대라는 것도 있다. 이때의 승군은 수행승과는 질적으로 다른 승려들로, 그 자체가 하나의 신분을 형성하는 직업군職業群이었다. 산사에 존재했던 이런 자체 방어군의 정신은 후일 임진왜란 때의 승군으로까지 이어진다.

사라지는 도시 사찰, 살아남은 산사

조선이라는 숭유억불기에 들어서면서 도시의 사찰은 철거되거나 양반집 등으로 용도가 변경된다. 한옥은 나무를 짜 맞춰서 건축하기 때문에, 이를 풀어서 옮기거나 새로운 건물을 만들 수 있다. 그렇기 때문에 사찰은 당시 권세가들이 신속하게 집을 짓는 과정에서 헐리기 일쑤였다. 또 호젓하고 운치 있는 곳에 위치하던 사찰은, 서원과 같은 유교 교육시설로 변모하는 경우도 있었다. 대표적인 경우가 우리나라

백운동서원(소수서원) 전경
원래 '숙수사'라는 절이 있던 곳인데 조선 시대에 서원으로 바뀌었다.

최초의 사액서원인 백운동서원(소수서원)[*]이다. 이 서원은 본래 쇠락한 숙수사宿水寺 자리에 들어선 것으로, 아직까지 당간지주나 불상 등의 유적을 확인할 수 있다.

하지만 조선 시대 도심의 사찰들이 양반들의 주된 표적이 된 것과 달리, 산사는 의도적으로 방치된 측면이 있다. 물론 산사까지 찾아가서 파괴하는 것도 쉬운 일은 아니었다. 그러나 그보다도 산이 많은 우리나라의 특성상, 원활하게 물자를 유통시키거나 산짐승의 피해를 줄이기 위해서는 산사가 그 나름의 충분한 효용성을 갖추고 있었기 때문이다. 즉 산사에는 '여관'이나 '역참'[*]의 기능도 존재했던 것이다.

사실 풍수지리설과 연관되어 흔히 말해지는 비보사찰裨補寺刹도, 현실적인 관점에서 보면 교통·통신이나 물류 또는 유사시의 국토 방어 체계와 연관해서 이해할 수 있다. 과거 우리의 산사에는 수행이라는 본래의 목적 외에도 다양한 의미들이 내포되어 있었던 것이다. 그렇기 때문에 조선 시대에 들어서도 산사는 함부로 파괴할 수 있는 대상이 아니었다. 왜냐하면 이럴 경우 물류나 교통·통신에 있어서 국가적인 문제가 발생하기 때문이다. 또 이를 해소하기 위해 모든 산속에 국가시설을 건립한다면 막대한 예산이 소요될 수밖에 없다. 이런 점에서 본다면, 사찰은 조선의 경제 발달과 유지에 막대한 역할을 한 셈이다.

[*] 백운동서원白雲洞書院
우리나라 최초의 사액서원이다. 조선 중종 38년(1543) 풍기 군수 주세붕이 이곳 출신의 고려 말 성리학자 안향을 배향하기 위해 세운 서원으로 경상북도 영주에 위치해 있다. 그 후 이황이 풍기군수로 있을 때 명종에게 소수서원紹修書院이라는 편액을 하사받았다.

[*] 역참驛站
국가의 명령이나 공문서를 전달하고, 변방의 긴급한 군사 정보를 전하는 등의 일을 위해 설치된 교통·통신 기관이다. 그 일을 하는 사람은 역원, 역참에 쓰이는 말은 역마라고 하였다. 중국에서는 춘추전국시대부터 활용되었고 우리나라는 삼국 시대부터 시작되었다. 조선 시대에는 대개 25리마다 1참을 두고 50리마다 1원을 두었다.

02.

사찰은 기도와 수행만을 위한
공간이 아니었다

비보사찰, 역참사찰, 능침사찰 등
다양했던 사찰의 기능

운주사
천불천탑이 있었다는 전설이 내려오는 사찰로
풍수지리에 입각한 비보사찰裨補寺刹이라는 주장이 있다.

사찰의 본래 기능은 기도와 수행이다. 하지만 우리나라에서는 이 외에도 다양한 '기능'이 부가되었고, 이런 기능들이 역으로 불교 안팎에 많은 변화를 주기도 했다.

비보사찰, 전 국토에 침과 뜸을 뜨다

신라는 992년을 유지한, 세계 최고의 장수 왕조 중 하나다. 또한 경주는 신라 시대 내내 수도의 위치를 내어 준 적이 없다. 그래서 경주 앞에 붙는 수식이 바로 '천년고도'다. 통상 중국의 왕조 교체 주기는 200년 안팎이었다. 그런데 우리나라는 고려와 조선이 500년 안팎이고, 신라는 천년이나 되니 실로 대단한 기록이 아닐 수 없다.

그런데 어떻게 이렇게 왕조가 오래갈 수 있었을까? 여기에는 정치,

안동 이천동 마애여래입상
이 불상이 자리 잡고 있는 지역은 속칭 '제비원'으로 불린다. 원院이라는 글자에서 알 수 있듯이 여관 (호텔)의 기능을 갖고 있던 곳이다.

경제, 군사적으로 다양한 이유가 있었겠지만 풍수를 연구하는 사람들은 비보사탑설裨補寺塔說을 꺼내 든다. 비보사탑은 마치 한의학에서 인간의 몸에 침을 놓고 뜸을 뜨듯이, 국토 즉 산천의 중요한 자리에 사찰과 탑을 건립해서 국가의 기운을 순일하고 안정되게 보충해裨補 왕조를 오래 가게 한다는 것이다.

이런 비보사찰의 개념은 신라 말 그리고 고려 시대를 거치면서 더욱 비등해졌다. 실제 존재 여부가 확실치 않으나 도선(827~898)이 지었다는 『도선비기道詵祕記』※에는 모두 3,800개의 비보사찰이 있었다고 전한다. 이 책은 실제 존재 여부를 떠나 비보사탑설이 당시 조정이나 민간에 얼마나 큰 영향을 미쳤는지를 방증한다고 하겠다. 그런데 이런 비보사찰은 평지뿐 아니라 산속에도 많았다. 이는 우리나라 사찰이 산속으로 들어간 또 하나의 이유이기도 하다.

이렇게 국가 차원의 막대한 지원을 받아 산천에 들어서는 사찰이 불교의 보급과 확대에 매우 긍정적인 역할을 했음은 당연하다. 하지만 비보사찰의 논리는 역으로 불교의 쇠퇴를 설명하기도 한다. 지세와 풍수를 고려하지 않고 아무 곳에나 사찰이 들어서게 되면 국가와 불교의 명운이 단축되었다는 논리도 제공하기 때문이다. 실제로 고려 태조 왕건이 박술희朴述希에게 전해서 후손들에게 경계하게 했다는 열 가지 조항인 〈훈요십조訓要十條〉※에는 '설치된 사찰들은 풍수지리에 따라서 정해 놓은 것이니, 함부로 사찰을 창건해서 지덕을 손상시키지 않도록' 경고하고 있다. 또 이와 함께 '신라가 망한 것이 신라 말에 과도한 사탑이 건축되어 지덕이 손상된 결과이니 경계'하라고 하였다.

※ 도선비기道詵祕記
통일신라 말엽 도선(道詵, 827~898) 스님이 지었다고 전해지는 예언서이자 풍수서이다. 원본은 전하지 않지만 〈고려사〉 등에 그 기록이 보인다. 우리나라에 중국의 체계화된 풍수사상을 최초로 전한 책이며, 중국에서 발달한 참위설을 중심으로 하여 지리쇠왕설地理衰旺說, 산천순역설山川順逆說 및 비보설裨補說 등을 주장하였다. 고려 태조 왕건은 〈훈요십조〉에서 도선 선사가 지정하지 않은 곳에 함부로 절을 짓지 말라고 경계하고 있다.

※ 훈요십조訓要十條
고려를 창건한 태조 왕건이 후손을 훈계하기 위해 열 가지 유훈을 기록한 책 또는 그 유훈을 말한다. 신서信書와 훈계訓戒 10조로 이루어졌는데, 태조 왕건의 정치철학과 시대적 상황을 잘 나타내고 있다. 불교 신앙과 풍수지리 사상이 대부분을 차지하는데, 고려의 역대 왕들은 이에 의하여 정치하였다고 한다.

역참驛站 기능을 했던 사찰

어느 국가 어느 종교나 마찬가지지만 국교國敎가 지정되면 해당 종교의 사원은 주요 도시나 이동 통로에 별처럼 늘어서게 된다. 때로는 숫자가 많아지면서 국가가 하지 못했던 여러 기능들을 하게 되는데, 대표적으로 의료나 역참의 기능을 들 수 있다.

종교시설은 특성상 개방적이며 다수를 수용할 수 있는 일정 규모 이상의 시설을 갖추고 있다. 그렇기 때문에 장거리를 이동하는 사람들이 도움을 받기가 쉽다. 그리고 이렇게 발달하다 보면 종교시설을 연결하는 길이 만들어지고 이것이 곧 국가의 주요한 교통로가 되기도 한다. 사찰이 역참의 기능을 담당했다는 것은, 역원驛院이라는 명칭에 절을 나타내는 '절 원院' 자가 들어가는 것을 통해서도 알 수 있다.

※ 행궁行宮

왕이 궁궐 밖으로 행차할 때 임시로 머물던 별궁으로, 이궁離宮 또는 행재소行在所라고 부르기도 한다. 삼국 시대부터 시행되었으며, 조선 시대에는 더욱 제도화되어 능행이나 휴양, 전란 피난처 등으로 이용되었다. 세조 때의 온양행궁, 인조 때의 광주행궁·강화행궁, 숙종 때 남한산성의 광주행궁, 정조 때의 수원행궁 등이 있다.

이런 역참 기능을 동시에 담당했던 사찰들은 고려 시대의 것들이 눈에 띄는데 우리나라에서 최초로 뚫린 고갯길인 충북 충주 하늘재의 미륵대원, 영남에서 서울로 올라갈 때 꼭 거쳐야 하는 길목에 자리 잡았던 경북 안동의 제비원 그리고 개경에서 남쪽으로 이동하기 위해서는 꼭 거쳐야 했던 경기도 파주의 혜음원惠陰院 등이 대표적이다. 특히 혜음원은 규모가 무척 거대했던 정황이 발굴을 통해 확인되었다. 사찰과는 별도로 숙박시설이 따로 갖춰져 있었고, 여기에 행궁※까지 겸비되어 있었을 정도이다.

왕의 명복을 빌었던 능침사찰陵寢寺刹

죽은 선왕의 사후 명복을 빌고 재를 올릴 목적으로 건립된 사찰도 있는데 이를 능침사찰이라고 한다. 이런 능침사는 숭유억불기인 조선 시대에도 계속 이어졌다.

대표적인 능침사찰 중 하나가 바로 경기도 광릉의 봉선사奉先寺다. 봉선사가 자리 잡고 있는 광릉은 세조, 즉 수양대군의 무덤이다. 고려 시대에 운악사라는 이름으로 있던 절을 능침사찰로 지정해 이름을 선왕을 받든다는 뜻인 봉선사로 바꾸고 크게 중창했다. 또 유명한 능침사로는 서울 강남의 봉은사奉恩寺가 있다. 봉은사는 연산군을 몰아낸 중종반정의 주역인 제11대 중종의 정릉靖陵을 위한 사찰이다. 봉선사와 봉은사를 통해서 알 수 있듯이 능침사찰에는 '받들 봉奉' 자가 주로 들어간다. 이는 임금의 은덕을 높인다는 의미이다.

이외에 능침사찰 같지 않은 명칭의 능침사찰인 경기도 화성의 용주사龍珠寺도 빼놓을 수 없다. 용주사는 정조가 뒤주 속에서 죽은 비운의 왕세자인 부친 사도세자를 위해서 천하의 명당에 이장한 융릉隆陵의 능침사이다. 사도세자는 정적들에 의해 비극적인 죽음을 맞고, 무덤마저도 형편없는 곳에 쓰였다. 이를 한탄하던 정조가 천하의 명당을 수소문해서 찾은 곳이 바로 현재의 융릉 자리다. 그러나 이곳은 한양에서 80리 안에 왕릉을 설치해야 한다는 규정에서 벗어난, 88리 떨어진 곳에 있었다. 이곳이 천하의 명당으로 알려져 있었음에도 왕릉이 되지 못한 이유다. 그러나 정조는 왕명으로 이를 80리로 고치도록 했다. 왕명에 의해서 축지법이 단행된 것이다.

이렇게 사도세자의 무덤을 이장하고 능침사찰로 용주사를 건설하게 되는데, 사찰의 낙성식 전날 정조는 용이 여의주를 물고 승천하는 꿈을 꾸게 된다. 용이란 동아시아 왕조 국가에서는 임금을 상징하니, 여의주를 문 용의 승천은 부친인 사도세자의 한이 풀렸다는 것을 의미한다. 그래서 이와 같은 서상祥瑞을 길이 새기기 위해서 사찰의 이름도 용주사라고 한 것이다. 용주사에는 사도세자의 원한이 효자 정조와 부처님에 의해서 풀어진 역사가 아로새겨져 있는 셈이다.

또 능침사찰 중 학문적으로 가장 주목되는 곳은 고구려 시조인 동명성왕을 위한 평양의 정릉사定陵寺를 들 수 있다. 정릉사는 고구려의 사찰 양식을 알 수 있게 해 준다는 점에서 매우 중요한데, 이를 통해서 우리는 능침사찰의 연원이 매우 오래되었음도 알 게 된다.

북한산 중흥사
조선 시대 승병들의 본부로 팔도도총섭八道都摠攝이 있던 곳이다. 1900년대 초 화재로 모두 소실되었으나 최근 복원을 진행 중이다.

조선왕조의 역사와 성곽을 지켰던 사찰

조선 시대 승군의 역할은 익히 알려져 있다. 하지만 임진왜란이나 병자호란 전후의 시기에 산성 축조와 보수에 승려들이 동원되었다는 사실을 알고 있는 일반인은 많지 않다. 현재도 북한산성 안에는 승가사僧伽寺, 문수사文殊寺, 봉국사奉國寺, 도선사道銑寺, 보광사普光寺, 진관사津寬寺, 삼천사三千寺, 선운사仙雲寺가 있고, 남한산성에도 국청사國淸寺, 개원사開元寺, 장경사長慶寺, 망월사望月寺가 남아 있다. 본래는 더 많은 사찰들이 있었으나 일제강점기 등을 거치면서 이 또한 사라지게 된다.

산성 축조 외에 전란의 시기에 『실록』과 『의궤』를 수호하는 역할을 한 사찰도 있다. 조선은 서울의 춘추관春秋館에 내사고內史庫, 그리고 충주·전주·성주에 외사고外史庫를 두었는데, 이 중 전주사고본을 제외한 기록물들이 임진왜란으로 불타서 훼손되자 위기를 느낀 조정은 『실록』과 『의궤』를 강화도와 깊은 산속으로 보내기로 결정한다. 1782년 강화도 행궁에 만들어진 외규장각은 어람용 『의궤』가 보관되어 있었는데, 그곳의 관리는 전등사가 맡았다. 강화도 외에 묘향산, 태백산, 오대산이 사고로 지정되는데 이때 각 산에 있던 큰 절들에 사고史庫가 들어선다. 애초 묘향산에 있던 사고는 전북 무주의 적상산赤裳山 적상산성 안으로 옮겨졌으며, 관리는 안국사安國寺가 맡았다. 태백산 사고는 각화사覺華寺가 관리했으며, 오대산 사고는 월정사月精寺의 관리 속에 별도의 사고사를 설치했다. 이렇게 해서 산으로 간 조선의 대표적인 기록물들은 사찰의 영향 속에서 승려들의 손에 의해 지켜지게 된다.

03

사찰에 이름을 붙일 때도
원칙이 있다

사, 원, 암자, 토굴, 난야 등 규모와 구조에 따라서
달라지는 사찰의 이름

사찰을 가리키는 말은 아주 다양하다. 같은 곳을 다른 이름으로 부르기도 하지만 규모에 따라 각기 구별해 부르곤 한다. 게다가 개별 사찰의 이름을 지을 때는 일정한 규칙이 있기도 했다. 우리나라에서 매우 흔한 관음사나 약사사, 지장사 등은 주불로 모시는 부처님 명호를 따라서 지은 경우이지만 봉奉, 국國, 흥興 자가 들어간 사찰처럼 국가와 관련이 있는 경우도 있고, 지형이나 풍수를 고려해 지은 이름들도 있다.

가람伽藍과 사寺

불교에는 사찰을 나타내는 많은 명칭이 있다. 이 중 가장 상위 개념이 바로 가람伽藍과 사寺이다. '가람'은 인도불교에서 절을 가리키던 상가라마saṃghārāma가 중국으로 넘어오면서 그 음이 차용돼 승가람마僧

◀ **모례정**
신라 불교 초전지로 전하는 곳이다. 고구려 승려 아도 화상이 이곳 모례의 집에 은거했다는 기록이 『삼국유사』에 전한다. 일설에는 사찰을 절이라고 부르게 된 것이 모례, 즉 털례 → 덜례 → 절례 → 절의 변화 과정을 겪은 것이라고 한다.

▶ **중국 백마사 앞의 석마**
원래 다른 사람의 묘지 앞에 있던 말인데, '가섭마등과 축법란이 백마에 불경佛經을 싣고 왔다.'는 말과 부합한다 하여 1938년 이곳으로 옮겨졌다.

伽藍摩가 되고, 이것이 축약된 이름이다. 그러므로 가람을 절의 총칭으로 보아도 문제가 없다.

인도 승려였던 가섭마등迦葉摩騰과 축법란竺法蘭이 후한의 명제 때인 영평 10년, 즉 기원후 67년에 수도인 낙양에 오자 후한後漢 정부에서는 이들을 사신의 예로 대했다. 그래서 당시 홍로시鴻臚寺라는 일종의 영빈관에 모시게 된다. 그런데 가섭마등과 축법란이 이 홍로시에 도착해 눌러 앉고는 다음 해인 68년에 이를 절로 바꾸게 된다. 홍로시의 '寺' 자는 관청 시와 절 사의 두 가지 음을 가진다. 마치 '金' 자가 쇠 금과 성 김으로 불리는 것처럼 말이다. 스님들이 관청에 살 수 없으니 시라는 발음을 사로 바꾸고, 명칭도 홍로에서 가섭마등과 축법란이 데리고 온 백마를 기념해서 백마로 변경하게 된다. 이것이 중국 최초의 사찰인 낙양의 백마사이다. 즉 '사'란 중국에서 가람에 상응하는 절의 총칭이라고 하겠다.

이와 같은 총칭에 해당하는 우리 식 표현이 바로 '절'이다. 사를 왜 절이라고 했는지에 대해서는 아직 통일된 학설이 없다. 그러나 가장 유력한 설은, 절하는 곳이기 때문이라는 것이다. 절은 향과 함께 인도 문화가 동아시아로 유입된 것인데, 동아시아 사람들에게 특이하면서도 강렬한 인상을 남기게 된다. 이러한 과정에서 예배 형태의 명칭과 예배 장소의 명칭이 일치된 경우이다. '머리에서 머리(카락)가 자란다.'는 것과 같은 경우라고 이해하면 되겠다.

사찰寺刹과 사원寺院

사찰이라는 이름은 어디에서 유래되었을까? 예전에는 '신성 공간' 앞에 찰간刹竿이라는, 국기게양대와 같은 시설물을 세웠다. 요즘처럼 관청이나 학교에 국기게양대를 만드는 것과 유사하다. 사찰은 '절[寺]'에 이 신성한 공간 표식인 '찰간'이라는 단어가 결합돼 만들어진 단어다.

또 절이 산이 아닌 도심에 있을 경우는 담을 둘러서 삿된 범접을 금하고 권위를 수립했다. 경복궁과 같은 왕궁의 담장 정도를 생각하면 되겠다. 이런 담을 둘러쳤다는 의미에서 '원院'이라고 한다. 원의 기원은 인도에서 우기 때 비를 맞지 않고 다니기 위해 절의 통로에 지붕을 씌운 것에서 시작된다. 그러다가 바깥쪽으로 점차 담이 만들어지면서 사원의 형태가 완성되기에 이른다.

'사'나 '사원'의 경우 불교와 관련된 것이지만, 불교가 동아시아 전통에 깊이 침투하면서 이런 표현은 이후 일반화되기 시작한다. 그러다 보니 이런 용어들은 다른 종교의 종교시설을 지칭하는 표현이 되기도 한다. 대표적으로 이슬람의 모스크를 이슬람사원이라고 부르고, 중국에서는 이러한 이슬람사원을 일컬어 청진사淸眞寺(Qingzhensi)라고 하는 경우 등이다.

암자庵子와 토굴土窟

불국사와 같이 '사' 자가 들어가는 절은 과거에는 정부에서 공식적

불국사 회랑
'사원'이라는 말은 '절(寺)'이라는
말과 '담장을 둘러쳤다(院)'는 말
이 합쳐져서 만들어졌다.

으로 인정한 절이었다. 즉 '사'란 국가가 인정한 일정 규모 이상의 절을 의미하는 것이다. 이런 절들은 때에 따라서는 작은 부속 사찰을 가지는 경우도 있었다. 이런 부속 사찰을 '암庵'이라고 한다. 암은 암자라고도 하는데, 본래는 정상적으로 잘 지은 절이 아니라 수행을 위해서 풀로 지은 임시 초막과 같은 것을 일컫는 말이었다. 그러다가 이것이 점차 규격을 갖추면서 명칭만 암으로 남게 된다. 이와 비슷한 표현으로 현대에 널리 쓰이고 있는 '토굴'이라는 것이 있다. 토굴이라고 하면, 잘 모르는 분들은 진짜 흙집을 생각하기 쉽지만 실제로는 번듯한 경우가 많다. 이도 본래 의미가 전화轉化된 것이라고 하겠다.

산사와 같은 경우 부속된 암자를 산내 암자라고 한다. 이는 산 안에 있는 부속 암자라는 의미다. 그래서 사찰의 책임자를 주지라고 하는 것과 달리 암자의 책임자는 암주라고 해서 차등을 둔다. 또한 암자는 사가 '직영'하기 때문에 주지와 암주의 관계는 직장 상사와 부하의 관계처럼 수직적 구조를 이루고 있다.

이제는 사라진 이름 난야蘭若

암자와 같이 부속되지 않은 절이면서, 또 사와 같이 정부로부터 공식 인정을 받지 못한 개인이 지은 절을 과거에는 '난야蘭若'라고 해서 구분했다. 난야란 아란야aranya를 음차해서 축약한 것으로, 본래는 숲속의 고요한(寂靜) 수행처를 의미했다. 이것이 차용되어 절의 의미로 수용된 것이다. 인도의 아란야가 동아시아로 와서 중국의 관청을 의미하는 '사' 밑으로 들어가게 되었으니, 참 멀리 와서 고생이 많은 경우라고 하겠다.

절을 가리키는 용어 중 난야는 현재 거의 사용되지 않는다. 왜냐하면 사가 과거처럼 정부의 인정을 받는 절만을 의미하지 않게 되면서, 명칭이 위계가 높은 사로 통합되었기 때문이다. 난야보다는 사가 더 있어 보이므로 '사'로의 통합이 일반화된 것이라고 이해하면 되겠다.

우리나라 절 이름에 들어간 한자의 비밀

우리나라에서 가장 흔한 사찰 이름은 관음사다. 관음신앙이 우리 민중에게 가장 친숙하기 때문이다. 이밖에 약사사나 미타사라는 이름도 자주 보인다. 이 역시 '신앙'과 관련된 이름이다. 하지만 이렇게 크게 분류해 이야기하지 않고 사찰 하나하나 이름의 의미를 찾아가면 끝이 없다. 그중에 가장 일반화된 것이 '봉奉' 자와 '원院' 자가 들어간 사찰 이름이다. 봉 자가 들어간 사찰의 경우 능침사찰의 기능을 한 곳이 많았고, 원 자가 들어간 사찰은 역참 기능을 했다는 것은 앞 장에서 밝혔다. 이밖에 '흥興' 자와 '국國' 자가 들어간 사찰 역시 '국가'와 관련 있는 경우가 많다.

조선 인조 때 창건된 남한산성의 국청사國淸寺는 승군을 훈련하고 군기와 화약, 군량미를 비축하였던 사찰이다. 국청사라는, 같은 이름의 사찰이 부산의 금정산에도 있는데 금정산 국청사 현판에는 "숙종 29년(1703년) 금정산성 중성을 쌓은 후 적을 막고 지키어 나라를 보호하니 그 이름을 국청사라 칭한다."고 기록되어 있다.

흥興 자가 들어간 사찰 역시 꽤 많다. 서울 돈암동에 위치한 흥천사興天寺는 태조 이성계의 계비인 신덕왕후神德王后가 죽자 그 능을 정릉貞陵으로 정하고 세운 사찰이다. 조선 시대에만 이런 이름이 있었던 건 아니다. 고려 시대 문종의 원찰이었던 흥왕사興王寺는 절의 규모만 2,800칸이 넘었다는 기록이 있다. 신라 최초의 사찰은 흥륜사興輪寺다. 이차돈의 순교를 계기로 국가에서 세운 절이다. 이밖에 부석사나 호압사＊처럼 창건 설화나 풍수를 고려해서 이름을 붙인 사찰들도 있다.

＊ 호압사虎壓寺
서울의 금천구에 위치한 사찰로 삼성산의 호랑이 기운을 누르기 위해 호랑이 꼬리에 창건한 사찰이라고 전한다.

유력한 종교들은 대부분 그 자체의 우주론을 가지고 있다.
불교의 우주론은 수미산須彌山이라는 상상의 산을 중심으로 전개된다.
이를 흔히 '수미산 우주론'이라고 한다.

2장

일주문에서
대웅전까지

04.

여기서부터는 사찰이니
모두 말에서 내리시오

사찰 입구의
하마비와 당간

굴산사지 당간지주

일주문에 다다르기 전에 흔히 제일 먼저 보게 되는 것은 옛 스님들의 사리가 모셔져 있는 부도밭이다. 하지만 몇몇 사찰에서는 하마비와 당간을 먼저 보게 된다. 하마비와 당간은 '잘나가던 시절' 사세나 사찰의 종파를 짐작하게 해 주는 유물이다.

하마비, 모두 가마에서 내리라

하마비下馬碑의 기원에 대해서는 두 가지 설이 있다. 첫째, 고려 인종 때 처음 세워졌다는 설이다. 하지만 문헌의 근거는 없다. 문헌에서 확인되는 가장 이른 시기는, 조선 태종 때다. 『조선왕조실록』에 나와 있는 태종 13년(1413)의 기록에는 예조에서 왕에게 다음과 같이 아뢰는 대목이 나온다.

봉선사 하마비
대소인원개하마大小人員皆下馬라는 글자가 보인다. 1469년 세조의 위패를
어실각에 모시고 중창 불사를 하면서 세웠다.

"궐문 동구에 마땅히 중국 제도를 모방하여 표목을 세우고 그 전면에 쓰기를, '대소 관리로 이곳을 지나는 자는 모두 말에서 내리라. 이곳에 들어온 자는 가운데 길로 다니지 못한다. 궐문 밖에 이르면, 1품이하는 10보步 거리에서, 3품 이하는 20보 거리에서, 7품 이하는 30보 거리에서 말에서 내리라.' 하고, 종묘 동구에도 표목을 세우시고 그 전면에 쓰기를, '대소 관리로 이곳을 지나는 자는 모두 말에서 내리라.'고 하소서."

기록에서 알 수 있듯이 애초 하마비는 불교의 유물이 아니었다. 왕실의 사당인 종묘 그리고 궐문 밖에 설치되었고, 시간이 지나자 성균관과 왕릉의 앞 그리고 몇몇 서원으로까지 확대된다.

하마비가 사찰로까지 확대된 것은 조선의 불교 탄압과 깊은 관련이 있다. 조선 시대 유생들이 사찰에서 벌인 횡포는 이루 말할 수 없을 정도였다. 유람을 할 때 승려들을 불러 경마잡이※를 시키는가 하면, 사찰에서 기생을 끼고 노는 일도 다반사였다. 그러다 사달이 났다. 능침사인 정인사正因寺와 여말선초의 최대사찰인 회암사檜嚴寺에서 유생들이 기물器物을 부수고 사찰의 보물을 훔치는 훼불 사건이 발생한 것이다. 하지만 이번에는 상대가 만만치 않았다. 조선 시대 불교의 가장 든든한 후원자였던 조선의 측천무후 문정왕후※였다. 문정왕후의 귀에 이 소식이 들어가자, 선교 양종의 수사찰首寺刹이었던 봉은사와 봉선사에는 아예 유생의 출입을 금지해 버린다. 난동을 벌인 주모자 역시 투옥되었다.

물론 유생들의 반발은 거셌다. 당시 문정왕후를 옆에서 보좌하던 보우(普雨, 1515~1565) 대사의 목을 베야 한다고 상소가 올라갔다. 하지만 상소문을 본 문정왕후는 더욱 불같이 화를 낸다. 불이 난 곳에 기름을 붓는 격이었다. 격노한 문정왕후는 전국의 큰 사찰 입구에 다수의 하마비를 세우도록 명한다.

이런 과정을 거쳐 하마비는 사찰로까지 들어오게 된다. 아직까지 하마비가 남아 있는 사찰은 많지 않다. 경남 양산의 통도사를 비롯해 경기도 양주 봉선사, 부산 범어사, 충북 보은 법주사, 전남 순천 선암사와 송광사 등 손에 꼽을 만하다.

우리가 자주 듣는 하마평下馬評이라는 말도 이 하마비에서 유래했다. 궁궐 밖의 하마비 앞에는 궁으로 들어간 양반들을 말과 함께 기다리는 경마잡이들이 모여 있었다. 자연스레 정치인들의 운전기사 모임이 만들어진 셈이다. 이들은 양반들을 지근거리에서 모시기 때문에 정보들이 많았고, 요즘으로 치면 '~카더라' 소식통이나 증권가의 '찌라시' 같은 역할도 했다. 이들이 주인을 기다리면서 떠드는 과정에서 정보 교류가 활발해지고, 이것이 하마비 앞에서 이루어졌다고 해서 하마평이 되었다. 주인을 기다리는 동안 우쭐대며 자신이 아는 정보를 이야기하는 하인들의 모습이 눈에 선하여 재미있다.

부처님 재세 시에도 하마비가 있었다?

부처님 재세 시 신심이 깊었던 마가다 국의 빔비사라✳ 왕은 수도인 왕사성의 영취산에 올라 부처님을 뵐 때면, 산 입구에서 내려 걸어서

✳ 빔비사라Bimbisāra
고대 인도 마가다 국의 왕으로 석가모니 부처님과 동시대를 살았던 최고의 불교 군주이다. 비하르 남부의 라자그리하(왕사성)가 수도였으며, 북동의 앙가 국 등을 병합하여 코살라 국과 함께 강대한 왕국을 구축했다. 후에 마가다국 계통에서 전 인도를 최초로 통일하는 마우리아 왕조가 나타나게 된다.

❋ 대당서역기大唐西域記

『서유기』로 유명한 삼장법사 현장이 세계 경략을 꿈꾸던 당 태종의 요청에 의해서 작성한 국정보고서이다. 총 12권으로 이루어져 있으며, 7세기 인도와 서역 그리고 중앙아시아의 문화와 종교 및 풍속을 알 수 있는 매우 중요한 자료이다. 마르코 폴로의 『동방견문록』, 이븐 바투타의 『이븐 바투타의 여행기』와 더불어 세계 3개 기행문으로 일컬어진다.

올라가곤 하였다. 어쩌면 '교양인'으로서 당연한 행동이었을 것이다. 하지만 어느 시대나 귀족이나 양반이 모두 '교양인'이지는 않다. 또 부처님이 거처하시던 영축산은 산이라는 특성상 열려 있는 곳이었고 건축물이 없었다. 그래서 빔비사라 왕은 영축산 길목에 '하승下乘'과 '퇴범退凡'이라는 기념탑을 건립했다고 『대당서역기』❋는 기록하고 있다.

하승이란 수레나 가마에서 내리라는 뜻이고, 퇴범이란 불경스러운 이는 범접할 수 없다는 의미이다. 또 퇴범에는 속된 마음을 버리고 성스러운 마음으로 다가오라는 뜻도 있다. 하마비의 연원이 하승과 잇닿아 있는 부분이다.

경북 경주 포석정 옆, 남산의 진입로이기도 한 삼불사 사찰 입구에는 '세심단속문洗心斷俗門'이라는 표지석을 세워 놓았다. 절에 들어오기에 앞서 마음을 씻고 세속의 속된 기운을 끊으라는 의미다. 종교를 통해서 사람이 변할 수도 있지만, 사람은 자신을 통해서 더 크게 변한다는 점에서 깊이 새겨볼 말이 아닌가 한다.

당간幢竿, 기둥 하나로 사찰의 소속과 규모를 말하다

신성한 곳에 높은 깃발을 세우는 문화는 아시아 전 지역에서 발견된다. 인도불교에서는 부처님의 사리탑 앞에 장엄한 깃발을 장식한 큰 깃대를 두 개씩 세웠는데, 이를 표찰標札이라고 한다. 중국에서는 궁궐 앞에 화표華表라고 해서 쌍으로 된 돌기둥을 세워 존엄을 표시했다. 본래 중국 전설의 요임금 때부터 나무를 세워 표시하던 것이 후일 돌기둥으로 변한 것이라고 한다. 또 샤머니즘을 숭상하던 아시아 유목민들 사이에서는 신장대라고 해서 신이 오르내리는 통로가 되는 거대한 나무를 신성 지역에 세우는 문화가 있었다.

이런 문화가 한반도에 들어오면서 솟대가 되고 경상도의 강신무들이 점집 앞에 세우는 신장대가 되었다. 우리의 신장대 문화는 『삼국지』「위서」〈동이전〉을 통해서 확인해 볼 수 있다. 〈동이전〉에는 "큰 나무를 세우고 그 위에 북과 방울을 매달아 놓았다(立大木懸鈴鼓)."는 기록을 찾을 수 있다. 그런데 여기에서 확인되는 신장대는 두 개가 아닌 하나이다.

인도와 중국은 입구에 촛대처럼 좌우로 벌려 세우는 쌍문화였고, 유목의 샤머니즘 전통은 피뢰침처럼 외문화였다. 우리나라 고대 사찰들은 흥미롭게도 인도불교의 전통인 쌍문화를 수용하지 않고 외문화를 받아들인다. 이는 불교 이전에 존재하던 샤머니즘 전통을 한국불교가 배척하지 않고 수용한 결과이다.

중국 산둥성 오대산
대라정의 쌍석당간

갑사 철당간
통일신라 시대에 만들어진 것으로 오래된 철당간
이 사찰에 남아 있는 것으로는 유일하다.

통도사 석당간
고려 말에서 조선 시대 초에 세워진 것으로 추정되
며 후대에 보수한 흔적이 있다.

존재하지만 잊힌 당幢 문화

깃대를 세우는 것을 당幢 문화라고 하는데, 여기서 당이란 깃발을
의미한다. 그러나 깃발을 허공에 달 수는 없다. 깃발을 세우기 위해서
는 장대로 된 깃대, 즉 당간이 있어야 한다. 또 이 당간을 지지하기 위
해서는 지주가 있어야 하는데 이를 당간지주라고 한다. 설명이 일견
복잡한 듯하지만, 관공서 등에서 흔히 볼 수 있는 국기게양대의 구조
를 생각하면 이해하기가 쉽다. 그런데 후일 이 당 문화가 사라지면서

사찰의 진입로가 삼문구조로 변하게 된다. 그래서 요즘은 절에 가면 가장 먼저 만나게 되는 것이 일주문이다.

당간은 충북 청주 용주사지나 충남 공주 갑사처럼 철로 만들거나 경남 양산 통도사나 전남 담양 객사리의 석당간처럼 돌로 만든 경우가 있지만, 나무로 만드는 것이 일반적이었다. 그러므로 사용하지 않게 되면서 썩는 경우가 많아, 현재는 당간을 지지해 주던 당간지주만 남아 있는 곳이 많다. 당간지주는 거대한 나무를 지탱해야 했기 때문에 화강암으로 만드는 것이 일반적이다. 예전에는 당간에 특정 깃발을 매달아 소속 종파나 법회의 내용을 알리는 용도로 사용하고는 했다. 또한 당은 곧 간판과 같은 것이니, 현재 남아 있는 당간지주의 크기가 당시 그 사찰의 사세와 위상을 나타내 주는 척도가 되기도 한다. 보물 제86호로 지정되어 있는 강원도 강릉 굴산사지의 당간지주는 높이가 5.4미터나 된다. 당간지주가 이럴 경우 그 속에 세워지는 당간은 적어도 30미터 이상은 되었을 것이다. 또 그 위에 걸리는 당, 즉 깃발도 10미터 가까이 되었을 것이니 그 장엄함이 어떠했겠는가! 그런데 이러한 장엄은 모두 사라지고, 이제는 사찰 입구 한편에서 미리 알고 찾아오는 사람이나 맞이하는 서글픈 신세를 면치 못하고 있다.

05.

인도의 화장 문화는
어떻게 불교에 유입되었나

부도와 화장

여수 흥국사 부도밭

일반적으로 승려들은 유명을 달리할 경우 화장을 하고, 그때 수습된 사리나 유골을 부도에 안치하는 것으로 알려져 있다. 실제 큰 사찰입구에 늘어서 있는 부도는 모두 이렇게 만들어진 것이다. 그러나 시대를 거슬러 올라가 보면 반드시 그렇지만은 않다는 것을 알 수 있다. 여기에는 인도에서 전래한 화장 문화와 우리 전통의 매장 문화 사이에 지난한 갈등의 역사가 존재하고 있어 흥미롭기 그지없다.

화장火葬은 유목문화의 전통

유목민은 가축을 데리고 초지를 따라 이동하며 생활한다. 그렇다보니 무덤을 쓰고 이를 지속적으로 보호·관리할 수가 없다. 또 유목

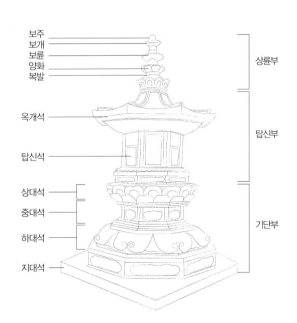

보주
보개
보륜
양화
복발
상륜부

옥개석
탑신부

탑신석

상대석
중대석
하대석
기단부

지대석

부도의 세부 명칭

민들에게는 그들의 생활 터전인 초원이 단조로워서 하늘에 대한 외경
의식이 더 크게 나타난다. 이와 같은 두 가지 조건에 의해 만들어진 장
례 풍습이 바로 화장火葬이다. 유목민들은 화장을 하면, 이때 발생하는
연기를 타고 죽은 영혼이 하늘로 올라간다고 믿었다. 인도 아리안족의
오화설五火說이나 유대인들의 번제燔祭가 이를 방증한다.

이와 같은 화장 문화는 불교를 타고 전래되어 우리 문화에 오늘날
까지 남아 있다. 사람이 죽으면 그 사람이 쓰던 물건을 소각해서 망자
에게 전달해 준다는 관념이 있고, 또 불교에서는 7월 보름의 우란분절
에 조상들을 천도하면서 노잣돈인 지전이나 종이옷 등을 태우는 의식
을 행하고 있다. 그런데 엄밀히 말한다면 유교의 소각 문화 역시 실크

로드를 넘어 들어온 인도불교의 전통에 의한 것일 뿐이다.

농경문화와 매장

농경문화는 유목문화와 달리 정주定住 문화다. 매장 문화는 이러한 농경문화의 유산이다. 또 농사는 소위 말하는 '머릿수'가 자산이기 때문에 대가족이 훨씬 유리하다. 이런 연유로 농경문화에서는 최고 어른을 정점으로 하는 문화와 이에 잇따른 조상 숭배가 발달하게 된다.

하지만 동아시아의 매장 문화가 처음부터 오늘날과 같은 봉분의 형식은 아니었다. 『공자가어孔子家語』※에는 공자가 최초로 어머니인 안징재顔徵在의 무덤에 봉분을 만든 내용이 기록되어 있다. 내용인즉 공자가 어린 시절 가난 속에서 어머니가 돌아가시자, 무덤을 표시할 만한 석물을 갖출 수 없어 봉분을 만들어 표시했다는 것이다. 그런데 하필 이 봉분에 벼락이 떨어져 무덤이 파괴되는 사건이 발생한다. 그러자 공자는 고인들이 하지 않던 것을 자신이 했기 때문에 하늘이 벌을 내린 것이라고 자책한다. 이 기록은 봉분이 만들어지는 것이 공자에게서 시작되고, 그 이유가 무덤을 표시하기 위해서라는 것을 알게 해준다. 즉 공자 이전의 무덤은 봉분이 없는 평장에 석물을 이용한 표지가 있었다는 것을 짐작해 볼 수 있다.

오늘날 중국 산둥 성 취부(曲阜)의 공자 무덤, 즉 공림孔林이나 추성의 맹자 무덤에 가 보면 무덤 위로 거대한 나무가 자라고 있는 것을 확인할 수 있다. 이를 보면, 나무를 통해서 재생한다는 고대의 종교적 관

※ 공자가어孔子家語
본래는 27권으로 된 책이나 현재는 10권 본만이 전해진다. 공자와 관련된 일화집으로 현존하는 10권 본은 위魏나라의 왕숙王肅이 공안국孔安國의 이름을 빌어 찬술한 것이라는 주장이 유력하다.

넘이 잔존하는 것이 아닌가 판단된다. 요즘으로 치면 수목장과 연관
해서 이해될 수도 있는 부분이다.

화장이 아닌 매장된 고승들

인도불교가 동아시아로 전파되면서 준 충격 두 가지를 꼽으라면
노출 문화와 화장을 들 수 있다. 삭발이나 오른쪽 가슴을 드러내는 노
출(석굴암 불상을 상상해 보라.)은 감싸고 여미는 것에 익숙한 동아시아인들에
게는 해괴한 것이었다. 이에 대한 문화적 충돌이 『홍명집』의 「사문단
복론」에 기록되어 있을 정도이다.

**중국 저장성 천태산의 지자 대
사 육신보전**
천태 지자 대사를 매장한 뒤 그
위에 탑을 세웠다.

화장도 마찬가지다. 장례나 묘제 및 상·제례는 전통이 비교적 잘 고수되는 분야다. 변화가 늦고, 바뀌더라도 다른 것을 온전히 수용하는 경우가 드물다. 실제 신라인의 특수한 묘제 양식 때문에 고구려와 백제를 한 묶음으로, 그리고 신라를 중앙아시아의 기마민족 전통을 갖는 다른 한 묶음으로 분류하는 경우도 있다. 현재 우리나라는 정부의 대대적인 노력에 의해 묘제가 매장에서 화장으로 많이 바뀌었지만, 상·제례는 여전히 전통 방식에서 크게 벗어나지 않고 있다.

동아시아에 불교가 들어왔을 때에도 문화적인 저항에 의해서 수백 년 이상, 승려들조차 화장을 하지 않았다. 중국 저장성 천태산의 지자(天台 智者, 538~597) 대사 육신보전(肉身寶殿)에 가 보면 천태종의 시조인 천

다비식

태 지자 대사를 매장한 뒤 그 위에 탑을 세운 것을 확인할 수 있다. 또 지자 대사의 수제자인 장안 관정(章安 灌頂, 561~632)도 산기슭에 매장되었다. 즉, 이분들은 처음부터 화장하려는 생각 자체가 없었던 것이다.

이와 같은 중국적인 장례 문화의 영향으로 육조 혜능이나 구화산의 김지장 스님과 같은 분들도 육신이 썩지 않는 등신불이 될 수 있었다. 만일 이분들이 부처님처럼 열반하시자마자 화장되었다면, 육신이 썩지 않는지 알 수 있는 방법조차 없었을 것이다.

고승의 매장과 관련해서 가장 유명한 경우는 달마 대사가 아닐까? 달마 대사의 이야기에는, 달마가 죽고 난 뒤 서쪽에서 돌아오던 사신이 짚신 한 짝을 들고 가는 달마를 마주쳤다는 것이 있다. 사신이 이를 국왕에게 보고하자 국왕은 그럴 리가 없다면서 무덤을 파게 하였

**원주 흥법사지
진공 대사 탑 및 석관**
탑 밑에 석관이 매장되어 있었다.

는데, 관 속에는 짚신 한 짝만 있었다는 것이다. '수휴척리手携隻履'라고 하는 유명한 일화인데, 이를 통해서도 우리는 달마 대사도 열반한 뒤 화장이 이루어지지 않았다는 것을 알 수 있다.

우리나라 고승들도 예외는 아니다. 사람들은 흔히 고승의 무덤인 부도가 있으면 당연히 그 속에는 화장한 사리 등이 안치되어 있다고 생각한다. 그러나 연대가 올라가는 부도들을 보면 부도 안에 사리가 있는 것이 아니라, 부도 아래에 석관이 있고 그 속에 승려의 뼈가 안치되어 있다. 즉 화장되지 않은 것이다. 가장 대표적인 인물이 왕건을 도와 후삼국 통일을 이룩한 옥룡자玉龍子 도선(道詵, 827~898) 국사이다. 도선은 선승임에도 불구하고 일반인들에게는 풍수의 대가로서 이름이 높았다. 그런데 도선의 도호인 옥룡자를 딴 전남 광양 옥룡사지의 도선 부도를 1994년부터 발굴하는 과정에서, 부도 밑에서 유골을 안치한 석관이 발견된 것이다. 이러한 석관 유적은 국립중앙박물관 외부에 전시된 보물 제365호 원주 흥법사 진공대사탑부석관原州 興法寺 眞空大師塔附石棺 등을 통해서 쉽게 확인할 수 있다.

그런데 이러한 석관들을 보면, 성인이 들어가기에는 무척 작은 크기라는 것을 알 수 있다. 이는 3년상 과정에서 초분草墳※을 쓰거나 가묘假墓를 만들어서 살과 근육 등을 녹이고, 이후 뼈만 추려서 석관에 모셨기 때문이다. 한자의 장례 장葬 자를 보면 아래에 평상(廾)을 놓고 위에 시신을 안치한 뒤(死) 그 위를 풀로 덮었다는 것(艹)을 알 수 있다. 이는 고대의 장묘 풍습을 전해 주는 글자로 초분의 설치 양상을 그대로 보여 주고 있다. 또 신라 때에는 초분이나 가묘 후 뼈를 추려서 골

※ 초분草墳

시신을 안치한 관을 바로 매장하지 않고, 평상 위에 두고 풀로 덮어서 임시로 안치하는 임시 장례의 한 형태를 의미한다.

호에 담았는데, 이 과정에서 좋은 뼈와 나쁜 뼈에 대한 인식이 있었다. 이것이 제도화된 것이 성스러운 뼈(성골)와 진짜 뼈(진골)로 구분하는 골품제이다. 이상을 통해서 우리는 전통적인 장묘법이 불교와 섞이면서, 매장한 후 부도를 건립하는 특수한 양태가 발생하는 흥미로운 모습을 확인해 보게 된다.

능지탑의 미스터리

우리는 스스로를 일러 '단일민족'이라고 표현하지만, 이런 개념이 생긴 건 고려 때가 처음이다. 고려 중기에 몽골이 침략하면서 국론을 결집할 필요가 발생했기 때문이다. 그러므로 신라가 삼국을 통일할 당

능지탑 전경

시에 이런 개념이 없었음은 당연하다. 그러나 신라의 삼국 통일은 국가의 안정 및 번영과 발전을 위한 단일화의 필연성에 직면하게 된다. 이를 삼국의 공통분모인 불교를 통해서 시도하는 이가 바로 문무왕이다.

문무왕은 사후에 화장을 해 장묘법에 일대 변화를 준 인물이기도 하다. 앞서 살펴본 도선이 통일신라 말기의 인물임에도 화장하지 않았다는 점을 감안하면, 이때 문무왕의 화장이 얼마나 획기적인 사건인지를 짐작해 볼 수 있다. 또 이와 같은 대전환의 행위를 기념하기 위해서 통일신라는 문무왕의 화장지에 능지탑陵只塔 혹은 연화탑蓮華塔이라고 부르는 탑을 건립하게 된다. 능지란 왕릉을 대신한다는 의미이고, 연화는 방형의 탑신에 연꽃잎이 빙 둘러서 조각되어 있다는 뜻이다.

이 능지탑은 동아시아 어디에서도 볼 수 없는 독특하고 거대한 형태다. 현재의 모습은 처음부터 이런 형태는 아니었으며, 무너져 있던 것을 수십 년 전에 고구려의 장군총을 연상시키는 모습으로 복원한 것이다. 그러나 정방형으로 되어 있었다는 점만은 분명하다. 다만 그 정확한 형태를 알 수 없어 주변에 많은 부재들이 정리되어 있는 실정이다. 아마도 정방형의 탑 형식에 4면에 불상을 안치한, 꼭대기가 평평한 3층의 피라미드형으로, 탑의 정상에는 문무왕을 위한 재실이 있었을 것으로 짐작된다. 당시 유행하던 목탑 양식에 왕릉 구조를 합하고 여기에 재실을 추가한, 아주 창의적인 구조라고 하겠다. 그러나 너무 창의적이면 뒷사람이 정확히 알기 어려운 법. 능지탑은 오늘도 그 원형을 정확하게 파악하지 못한 채 세월의 영광만을 말해 주고 있다.

06.

담 없는 문에는
무슨 의미가 숨겨져 있을까

사찰의
삼문三門 구조와 의미

부산 범어사 일주문

간혹 장시간 쉬지 않고 인터넷 게임을 하다가 죽은 사람에 대한 뉴스가 나오곤 한다. 게임에 빠져 잠도 자지 않았다는 것이다. 알다시피 수면욕은 식욕과 더불어 인간이 가지고 있는 가장 강력한 욕구 중 하나이다. 그런데 이런 욕구를 꺾어 버릴 수 있는 게임의 힘은 뭘까? 그것은 바로 잘 짜인 '세계관'이다. 게임을 하는 사람에게 게임 공간은, 이 세계와는 다른 거대한 하나의 세계가 된다.

세계관이란 세계를 보는 관점이다. 과학의 발달이나 교육 때문에 현대인들은 '거의' 동일한 세계관을 가지고 있다. 하지만 옛사람들은 그들의 눈높이와 이해 방식에 따라 제각각 다른 세계관을 가지고 있었다. 그리스·로마 신화나 북유럽 신화 또는 중국과 인도의 신화들이 바로 이와 같은 세계관 속의 이야기이다.

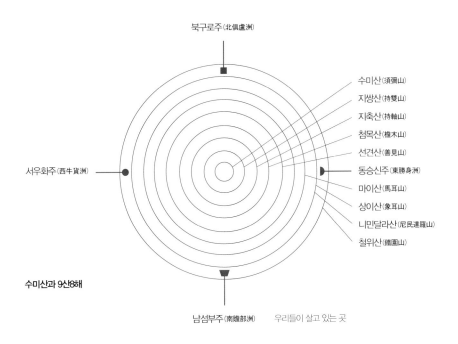

수미산과 9산8해

북구로주(北俱盧洲)

수미산(須彌山)
지쌍산(持雙山)
지축산(持軸山)
첨목산(檐木山)
선견산(善見山)
동승신주(東勝身洲)
마이산(馬耳山)
상이산(象耳山)
니민달라산(尼民達羅山)
철위산(鐵圍山)

서우화주(西牛貨洲)

남섬부주(南贍部洲)　　우리들이 살고 있는 곳

불교의 우주론宇宙論

세계관 가운데 우리가 살고 있는 지구를 포함한 우주는 언제, 누구에 의해, 무슨 이유로, 어떻게 생겨났으며, 무엇에 의해 움직여 나가는지에 대한 생각을 통틀어 우주론이라고 한다. 유력한 종교들은 대부분 그 자체의 우주론을 가지고 있다. 불교의 우주론은 수미산須彌山이라는 상상의 산을 중심으로 전개된다. 이를 흔히 '수미산 우주론'이라고 한다.

그리스·로마 신화가 우주의 중심인 올림포스 산을 배경으로 하는 제우스 정점의 세계를 가지고 있다면, 불교는 수미산을 중심으로 제석천을 정점으로 하는 신들의 세계를 갖추고 있다. 두 세계관과 신화의 구조에서는 상당히 유사한 점이 발견된다. 언어군을 분류할 때도 역시 인도유럽어족을 하나로 묶는다.

여하튼 모든 우주론에서 중요한 것은, 우주의 중앙 즉 신체의 '배꼽'과 같은 존재이다. 여기에 존재하는 것이 우주산이라는 신령한 산(聖山)이고, 이곳이 중요한 이유는 제우스나 제석천과 같이 최고신(神中神: 天中天)이 사는 곳이기 때문이다. 불교 역시 이 같은 관점을 차용한다. 그렇기 때문에 부처님이 존재하시는 곳으로 수미산의 산정을 상정하게 된다. 이는 종교적인 예배 대상에 대한 신성과 존숭을 상징한다.

일주문, 첫 번째 문

사찰은 전체적으로 수미산의 구조를 모사하는 방식으로 지어진다.

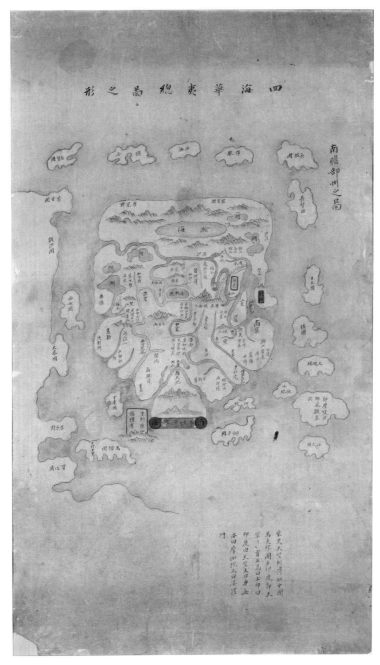

남섬부주지도
불교적 세계관을 나타내는 대표적인 지도로서 1613년 간행된 명대의 『도서편圖書編』에 수록된 것을 조선 후기에 그대로 모사模寫한 것이다. 지도의 원래 명칭은 〈남섬부주도南贍部洲圖〉이다. 남섬부주는 불교의 수미산 중심 세계 중에서, 남쪽에 위치한 우리가 사는 세계에 해당한다.

이것을 제일 잘 드러낸 것이 소위 삼문三門이다. 보통 '일주문 → 천왕문 → 해탈문'의 순서로 이어진다. 올림포스 산은 신들이 거처하는 성역이다. 그러므로 그곳은 인간이 접근할 수 없는 성스러운 공간이 된다. 불교의 수미산 역시 마찬가지다. 그렇기 때문에 수미산의 입구에 해당하는 장소에 앞으로의 공간이 신성한 영역임을 표시하는 상징문이 세워지게 되는데, 이것이 바로 일주문─柱門이다.

일주문이란, 한 줄로 나란히 서 있는 기둥의 문이라는 의미다. 왕릉이나 충신·효자·열녀의 사당 앞에 건립되어 있는 홍살문(旌門)을 생각하면 되겠다. 홍살문의 연원 자체가 인도의 불교 탑문塔門, 즉 토라나 torana이다. 일주문은 거기에서부터 수미산이 시작된다는 의미이다. 일주문 너머는 부처님의 영역인 성스러운 공간인 셈이다.

천왕문, 두 번째 문

일주문이라는 수미산 영역부터 성역의 상징성이 부여되지만, 더 높이 올라갈수록 신성함이 강해진다. 수미산은 우주의 중심 산이기 때문

불국사 천왕문

불국사 사천왕
왼쪽 위부터 시계 방향으로
북방 다문천왕(검은 얼굴)
동방 지국천왕(파란 얼굴)
남방 증장천왕(붉은 얼굴)
서방 광목천왕(하얀 얼굴)

에 수미산 중턱에 네 방위신이 머물며, 그 밖의 허공에는 해와 달이 위치한다고 고대인들은 생각했다. 이러한 네 방위신의 처소를 사왕천이라고 하는데, 이곳의 동서남북에 각각 동방 지국천왕과, 남방 증장천왕, 그리고 서방 광목천왕, 북방 다문(비사문)천왕이 살고 있다.

수미산 중턱의 사왕천을 상징하는 것이 사찰에서는 천왕문天王門이다. 그러나 인도의 원형圓形적인 건축 구조는, 동아시아의 중국문화권으로 전파되면서 남북을 축으로 하는 일직선 형태(一向性)로 변형된다. 그로 인해 남쪽에 위치한 천왕문에 사천왕이 모두 함께 옹기종기 모여 있는 형태로 변모하게 된다.

불교 우주론에서 동방 지국천왕이 관장하는 곳은 승신주勝身洲이다. 승신주는 몸이 수승하다는 의미다. 요즘 표현으로 하면, 이쪽 지역은 몸짱과 얼짱이 사는 곳이라고 하겠다. 남방 증장천왕이 관장하는 영역은 섬부주瞻部洲로, 이곳이 우리들이 사는 세계다. 흔히 사찰에서 축원을 할 때, '사바세계娑婆世界 차사천하此四天下 남섬부주南瞻部洲 해동대한민국海東大韓民國' 운운하는 것은 바로 이를 말하는 것이다. 서방 광목천왕의 관할 지역은 우화주牛貨洲이다. 소를 화폐로 하는 유목문화가 번성한 곳이라는 의미다. 끝으로 북방 다문천왕이 관장하는 세계는 구로주俱盧洲인데, 이곳은 북유럽의 GNP 8만 달러대의 선진국보다 더 살기 좋은 복지세상이라고 한다.

사천왕은 수미산 중턱에 살면서 4방위를 관장하며 악으로부터 이 세계를 지켜 낸다. 사찰 입구의 사천왕 역시 같은 의미다. 부처님의 성역을 모든 악과 삿된 견해로부터 지켜 내는 상징이다.

해탈문, 세 번째 문

해탈문解脫門은 수미산 정상의 입구를 나타낸다. 경복궁으로 치면 근정문인 셈이고, 그 너머가 사찰에서는 근정전에 해당하는 대웅전이 된다. 그런데 해탈문은 일주문이나 천왕문과는 달리 찾기가 어렵다.

누하진입
운주사 해탈문에서 바라본 대웅전

우각진입
화엄사 보제루. 이 보제루를 돌아 사찰 앞마당으로 진입하게 된다.

숨은 문, 즉 비밀의 문인 것이다. 해탈문은 대웅전 등 주요한 전각으로의 진입을 앞에 두고 있기 때문에 '비밀의 문'처럼 만들어진 경우가 많다. 주요 전각을 좀 더 장엄하게 바라보게 하기 위한 '누하진입樓下進入' 혹은 '우각진입隅角進入'을 유도하기 때문이다.

사찰에 들어가는 방법, 누하진입과 우각진입

우선 누각 아래의 좁은 공간을 통과하는 누하진입樓下進入에 대해 알아보자.

산사는 지형적인 특성상 경사각이 발생한다. 그런데 대웅전이 위치한 곳은 평평하게 터를 바른 네모난 공간이다. 그렇다 보니 전면의 입구와 높이 차이가 발생한다. 그래서 대웅전 앞에 축대를 다져 만세루와 같은 누각을 만들고 그 사이에 좁은 계단식 통로를 만들게 된다.

누하진입은 누각 아래라는 좁고 어두운 폐쇄형 공간 구조를 통과하는 방식이다. 이로 인해서 참배객은 심리적으로 위축되게 마련인데, 이는 부처님께 공경하는 마음으로 나아가라는 사찰 건축의 숨은 의도이다. 또 어두운 누각 아래에서 보면 대웅전의 밝은 영역이 광명의 신성함으로 다가오게 된다. 어둠 속에서 보는 밝은 빛, 이것이 바로 중생의 어둠을 떨쳐 내는 부처님의 환한 미소인 것이다.

두 번째는 우각진입隅角進入이다.

대문을 열어 놓았는데 집안이 훤히 보인다면, 이건 좀 가벼워 보이며 운치가 없다. 그래서 현대의 아파트에서도, 현관문을 열었을 때 곧바로 거실이 보이지 않도록 꺾이는 설계를 하고 있다. 그러나 꺾는 설계에는 툭 트인 당당한 기상이 없다. 그래서 중국에서는 대문 안쪽에 시선 차단용 가림벽(照壁·影壁)을 설치하곤 한다. 이는 담 같은 용도와는

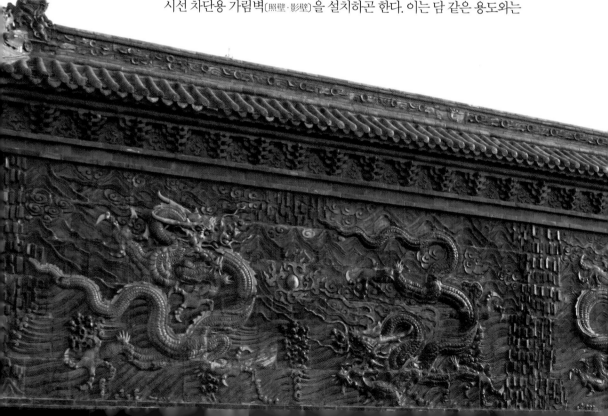

다른 것으로, 여름에 치는 발(簾)과 같은 기능이라고 생각하면 되겠다.

가림벽은 시선이 머무는 곳에 설치되기 때문에 화려한 장식이 가미되게 마련이다. 이런 장식 중 최고로 치는 것은 황제의 권위를 상징하는 아홉 마리 용으로 장식된 구룡벽이다. 우리의 사찰건축은 이러한 구룡벽을 허벽(虛壁)이 아닌 실용성이 있는 건축으로 수용한다. 이것이 바로 대웅전 마당 너머의 만세루와 같은 건축물이다.

그런데 가림벽의 의미에 보다 충실하고 또 지형에 높낮이가 없게 되면 누하진입이 불가능하다. 이럴 경우 누각의 측면을 돌아 들어가게 되는데, 이것을 우각진입이라고 한다. 이는 어른의 중앙 전면을 피하는 동아시아 문화와도 연관되는데, 측면으로 접근하면 대웅전의 날렵한 처마 곡선을 볼 수 있어 참배객은 자신도 모르게 한국적인 선의 미학에 흠뻑 취하게 된다.

또 이때는 만세루 같은 누각 옆의 공간 자체가 그대로 거대한 해탈문이 된다. 이렇게 문짝이 없는 일주문에서 시작된 사찰의 문은, 마침내 허공을 품에 안은 허공의 문, 즉 '하늘 문'으로까지 확장되기에 이른다. 이것이야말로 한국 사찰건축의 백미, 즉 세계적으로 유래가 없는 하늘을 품은 위대한 종교건축인 것이다.

산시성 다퉁의 구룡벽

인도의 문
중국의 문
한국의 문

부처님이 가장 오래 머물렀다는 기원정사는 당시 인도 최고의 재벌이었던 급고독 장자가 기증한 사찰이다. 본당은 7층짜리 건물로 사위성의 랜드마크 구실을 했다. 기원정사는 담으로 둘러쳐져 있었다. 또 기원정사의 정문은 급고독 장자의 신심에 감복한 기수 태자가 지어서 기증한 것이다. 그런데 이 문은 남문이 아니라 동문이었다. 이유는 무더운 인도 날씨 때문이다. 인도에서는 볕이 많이 드는 남쪽보다 동쪽을 숭상했기 때문에 동쪽으로 정문을 냈다. 동쪽은 불교와도 깊은 관련이 있다. 싯다르타의 출가도 동쪽 문을 통해 이루어지고, 부다가야에서의 깨달음 역시 동쪽으로 앉아서 이루어진다.

하지만 기원정사의 '담'은 예외적인 경우다. 기원전 1~2세기에 지어진 산치대탑 등을 보면 문은 담이 없는 '기념물'이었다. 물론 단순한 기념물이기만 한 것은 아니다. 인도의 탑에 대한 예배 방식에는, 우요삼잡右繞三匝이라고 해서 시계방향으로 세 바퀴 도는 것이 있다. 예배와 관련해 시작 장소인 정문 개념을 제시해 줄 필요가 있었을 것이다. 이때 동쪽에 세워지는 것이 바로 기념문인 토라나torana이다. 토라나는 문 너머의 대상, 즉 탑의 신성을 상징하는 기념문이다.

이 토라나는 불교가 인도를 넘어 중국으로 전해지면서 역시 폭넓게 수용된다. 바로 기둥 형식의 패방牌坊과 중국식 누각을 덧씌운 패루牌樓로 변모하는 것이다. 이것이 우리나라로 전래되면서 변형된 것이 바로 홍살문과 사당의 솟을삼문이다.

원을 좋아했던 인도
직선을 좋아했던 중국

인도인들이 원형을 좋아한다면 중국인들은 네모난 방형을 선호한다. 또 유교문화는 서열을 정해서 질서를 부여하는 것에 매우 높은 의미를 부여한다. 이 때문에 인도의 원형적인 구조는 중국으로 오면서 수직적인 질서로 재편된다.

인도불교에서는 문을 동쪽으로 하나만 내거나, 필요하면 동서남북으로 네 개를 낸다. 그런데 중국문화는 이를 수직으로 변형시켜 남쪽으로 하나를 내거나, 남북을 축으로 해서 전면에 3개나 5개를 중첩해서 만

산치대탑 앞의 토라나

중국 산동 적산에 있는 솟을5문 구조 패루

상하이 용안사의 솟을5문 구조 패루

장성 필암서원 앞 확연루와 홍살문

안동 병산서원 복례문(솟을삼문)

든다. 이를 3문 혹은 5문이라고 한다.

　3문은 제후나 사찰의 문이다. 제후나 부처님을 뵙기 위해서는 남쪽으로 난 3개의 문을 통과해야만 하는 것이다. 이보다 높은 5문은 황제의 문이다. 오늘날 베이징의 자금성에서 본전인 태화전太和殿까지 가기 위해서는 '정양문 → 대명문 → 승천문 → 단문 → 오문'의 5문을 통과해야만 한다.

　이는 조선의 경복궁이 본전인 근정전에 이르기까지 '광화문 → 홍례문 → 근정문'의 3문을 통과하는 것과는 다르다. 조선은 중국의 제후국이었기 때문에 감히 5문을 두지 못했다. 그러나 고려의 궁궐터인 개성의 만월대滿月臺 유적은 5문 구조로 되어 있다. 고려는 조선과는 위계가 다른, 웅비하는 황제의 기상을 내포한 국가였던 것이다.

07.

탑의 층수는 왜
모두 홀수일까

탑 건축의
원칙

인도의 산치 제3탑

불교가 시작된 인도는 나라가 크고 여러 민족이 뒤섞여 사는 만큼 탑도 여러 양식이 존재한다. 하지만 '대표적인 탑'을 들라면 단연 기원전 3세기 중엽 아소카 왕[❋]이 건설하기 시작해 뒤에 확장되는 산치탑[❋]이다. 그런데 산치탑은 우리가 흔히 생각하는 '탑'의 모양이 아니다. 외형만 놓고 보자면 벽돌로 된 거대한 봉분형의 무덤이다. 군이 무덤과 구분하자면 꼭대기에 햇빛을 가릴 수 있는 일산日傘과 난간을 두른 장엄물이 있는 것 정도이다.

인도는 날씨가 덥기 때문에 파라솔과 같은 거대한 일산을 사용하는 문화가 있다. 그러다 보니 존중의 대상이 되는 불상이나 탑에도 일산을 씌우는 양식이 적용된다. 이런 일산은 변형된 형태로 중국이나 우리나라의 탑 정상부에도 남아 있다. 여하튼 이런 봉분형이 우리나라에 와서 석가탑과 같은 형태로 변모한 이유는 무엇일까?

❋ 아소카Asoka 왕王

인도 마우리아 왕조의 제3대 왕이다. 인도 최초의 통일 왕조를 세우고 불교를 보호한 이상적인 왕으로 많은 설화를 남겼다. 한역 불전에서는 아육阿育이라고 음차되어 있으며, 무우無憂라고 의역된다. 부처님의 모든 유적지를 참배하면서 세운 아소카 석주는 불교 유적을 확인하는 중요한 표지석이 되고 있다. 아소카 왕은 불교 교단을 보호하고, 제3차 결집을 실시한다. 또 외국에 불교를 전파하는 전법사를 보냈는데, 출가한 아들인 마힌다와 딸인 상가미타는 스리랑카로 건너가 스리랑카 불교의 시조가 되었다.

❋ 산치Sanchi 탑塔

현존하는 인도의 대표적인 불탑으로, 탑의 기원은 아소카 왕으로까지 거슬러 올라간다. 후에 여러 차례 중수되어 현재에 이르고 있다. 인도 중부에 위치한 마디아 프라데시 주에 있으며, 모두 3기가 현존한다. 그 중 가장 큰 제1탑은 기단 지름이 37미터, 높이 16.5미터로 보통 '산치 대탑'으로 불리운다.

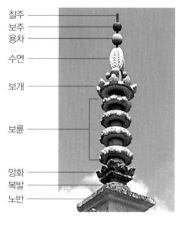

찰주
보주
용차
수연

보개

보륜

앙화
복발
노반

우리나라 탑의 상륜부

※ 명당明堂

중국 주나라 때 천자가 정사를 보던 정전正殿의 별칭이다. 천자는 양명한 기운을 품고서 밝은 정치를 하므로 정전은 남향 건물이 된다. 이 때문에 명당. 즉 밝은 집이라는 별칭이 붙게 되는 것이다. 후대에 명당이라는 말은 신성한 건물에 대한 명칭으로 사용되다가, 좋은 자리라는 의미로 변모한다.

명당 건축과 동아시아의 탑

중국의 고건축에는 명당明堂※ 건축이라는 것이 있다. 명당 건축이란 여러 층으로 된 누각 건물을 의미한다. 요즘으로 치면 고층의 랜드마크라고 생각하면 되겠다. 중국의 권력자들은 여기에 일반인이 범접할 수 없는 신성함을 부여했다. 랜드마크와 신성함의 결합인 셈이다. 이것이 바로 왕궁 건축에 버금가는 위세를 가지는 명당 건축이다.

부처님의 사리가 중국으로 전해지면서, 종교적인 신성함에 입각해 사리는 명당 건축에 모셔지게 된다. 이로 인해 다층의 누각 형태로 된 중국탑 양식이 정착된다. 우리나라의 탑 역시 중국에서 사리를 모신 여러 층으로 된 누각의 명당 건축을 화강암으로 재창조한 것이다.

중국 시안에 있는 법문사 탑
(중국 당나라 시대)

하늘과 땅, 홀수와 짝수

미르체아 엘리아데가 『성聖과 속俗』에서 말하는 것처럼, 신성함이란 상징성과 결코 유리될 수 없다. 명당 건물과 탑의 신성함 역시 고도의 상징성과 관련이 있다. 이런 상징 중에 가장 두드러진 것이 바로 세로로서의 하늘과 가로로서의 땅이다. 중국문화에서는 이게 홀수와 짝수로 나타난다. 그렇기 때문에 탑은 세로로는 3층·5층·7층·9층·13층과 같이 하늘이라는 홀수의 상징을 가지게 되고, 가로로는 4각형·8각형·12각형과 같은 땅이라는 짝수의 상징이 나타난다. 즉 동아시아의 탑은 수직으로는 홀수이고 수평으로는 짝수인 것이다. 좀 더 자세히 살펴보자.

하늘과 땅 중 무엇이 더 가치가 높을까? 답을 찾기가 쉽지 않다. 아니, 답이 없을 수도 있다. 하지만 중국인들은 이런 부분에 대한 가치를 규정해 놓았다. 천/지, 홀/짝, 남/여 따위가 그것이다. 이 중 먼저 언급된 것이 더 우월한 가치를 갖는다. 이를 언어의 우월성이라고 한다. 현재 우리는 '가로세로'라고 하지만 한자에서는 종횡縱橫, 즉 '세로가로'다. 이렇게 놓고 본다면 왜 탑의 수직과 수평이 홀수와 짝수가 되어야 하는지가 분명해진다.

천(하늘) - 홀 - 종(세로) - 남

지(땅) - 짝 - 횡(가로) - 여

『주역』「계사전繫辭傳」에는 "천존지비天尊地卑"라 하여, "하늘은 높고

칠곡 정도사지 5층석탑(고려 시대)
현재는 4층까지만 남아 있다.

개성 경천사지 10층석탑(고려 시대)
현재는 서울 용산에 있는 국립중앙박물관 안에 전시되어 있다.

땅은 비천하다."는 언급이 있다. 이 말은 후일 '남자는 하늘이고 여자는 땅이다.'라는 말로 변형되어 우리 문화에 깊은 흔적을 남기게 된다. 또 우리의 전통명절인 설날(1·1)·삼짇날(3·3)·단오(5·5)·칠석(7·7)·중양절(9·9)은 모두 홀수가 겹치는 날이다. 이는 홀수가 하늘의 양명함을 상징하는 상서롭고 길하다는 의미를 가지고 있기 때문이다. 이런 점에서 탑의 층수가 홀수라는 것은 쉽게 이해될 수 있다.

10층 탑은 짝수가 아닌가?

그런데 우리의 문화재 중에는 경천사지 10층석탑(국보 제86호)이나 원각사지 10층석탑(국보 제2호)처럼 '10층'이라는 예외가 존재한다. 이러한 예외가 유독 10에서만 나타나는 것은, 10진법 체계에서 10이 완전성을 상징하기 때문이다. 그래서 10×10인 백百에는 '온전'과 '모두'의 의미가 있다. 즉 탑에 나타나는 10층은 기존의 홀수적인 관점과는 다른 각도에서의 완전성을 상징한다는 말이다.

또 10층 탑은 대부분 원나라의 영향을 받았다는 점도 고려되어야 한다. 이는 중국 전통문화와는 다른 관점에 의한, 시대적 요청을 예술이 수용한 결과이다. 우리는 이 부분에서 자연스럽게 테오도르 아도르노의 "예술은 사회를 반영한다."는 말을 떠올려 볼 수 있다.

08.

탑의 모양을 보면
건립 시기를 알 수 있다?

통일신라, 고려, 조선의 탑을
구별하는 방법

감은사지 동서 3층석탑
대표적인 통일신라 시대 3층석탑이다.

아직도 경제와 문화는 시간이 지날수록 성장한다고 믿는 사람들이 있다. 특히 1970~1980년대 고도 성장기를 거친 기성세대들의 머릿속에는 이런 생각이 뿌리 깊이 박혀 있다. 물론 오산이다. 특히 문화는 그 사회를 반영하는 살아 있는 유기체이다. 인구 100만 명에 세계 10대 도시 중 하나였던 통일신라의 경주에서 만들어진 석굴암의 미감과 기교를 따라가는 불상은 아직까지 한반도에 다시 출현하지 못했다. 역사상 유래를 찾아볼 수 없는 외침外侵을 한 세대 동안이나 방어하면서 결국 자치권과 부마국의 위상을 확보한 고려. 고려 시대에 만들어진 청자 역시 후대의 어떤 자기瓷器도 그 신비한 아름다움을 뛰어넘기는 어려웠다.

이제 살펴볼 탑 역시 마찬가지다. 한반도의 탑은 통일신라 시대가 정점이었다. 이후 고려와 조선을 거치며 쇠퇴를 반복했고 현대는 아예 '뺑끼'를 칠하는 수준에 불과하다.

감은사지 석탑에서 출토된
사리기

통일신라 시대의 석탑이 가장 아름다운 이유

통일신라 시대 석탑의 특징은 크게 네 가지다. 첫째는 기단이 이중으로 되어 있다는 점이다. 기단의 면석과 탱주가 각각 세 개 그리고 두 개였다는 점을 둘째, 셋째 특징으로 들 수 있다. 이는 기단의 수평적인 공간 분할이 세 개로 이루어져 있다는 말이다.* 넷째로 한옥 구조의 화려함을 모방하고 있는 옥개석 받침이 다섯 개라는 점이다. 옥개석 받침은 옥개석 밑에 층계 모양으로 표현되어 있다. 이것은 석탑에 있어서는 마치 계급장과도 같다. 후대로 갈수록 이 층받침이 줄어 네 개 그리고 세 개가 되기 때문이다.

* 사진의 고선사지 3층석탑처럼 통일신라 초기의 탑은 맨 아래의 1층 기단이 2층 기단보다 분할 면적이 하나가 더 많다. 옆 장의 석가탑과 비교해 보면 이해가 쉽다.

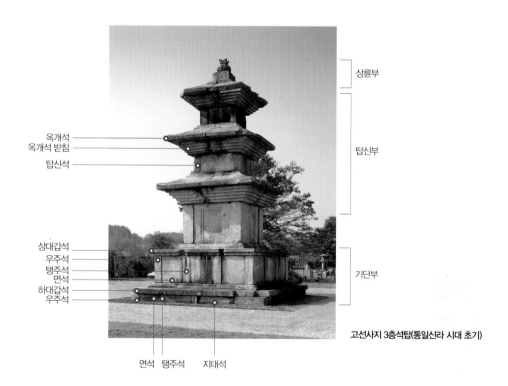

옥개석
옥개석 받침
탑신석

상대갑석
우주석
탱주석
면석
하대갑석
우주석

상륜부

탑신부

기단부

면석 탱주석 지대석

고선사지 3층석탑(통일신라 시대 초기)

석가탑(통일신라 시대)

　우리가 통일신라 시대 석탑인지 아닌지를 확인하기 위해서는 우선 기단이 복잡한가, 그리고 옥개석 받침이 몇 개인가를 알아야 한다. 물론 이외에도 세세한 여러 가지가 있지만, 전문가가 아닌 다음에야 지식은 번잡하기보다는 간단하게 습득하는 것이 훨씬 효율적이다. 그런데 왜 통일신라 시대 석탑을 가장 아름답다고 할까?

　불상이 아름다운지 아닌지를 판단하는 기준 중 하나는, 앉아 있는 불상이 그대로 일어났을 때 어떤 상태가 될지 상상해 보는 것이다. 일어섰을 때도 신체 비례가 맞고 전체적인 구조가 수려하고 아름답다고 판단되면, 그 작품은 수작秀作이다. 석굴암 부처님이 그대로 일어나서 움직인다고 상상해 보라! 석탑도 마찬가지다. 눈으로 봐서 시원하고 아름답다면 그걸로 끝이다. 아름다움(美)에는 정답이 없지만 사람들이 보는 눈은 대개가 일정하기 때문이다. 그래서 『장자』에서는 "입맛은 모든 사람이 다르지만 뛰어난 주방장의 요리는 모두 다 맛있다고 한다."고 했다.

석탑을 만들 때 가장 해결하기 어려운 선입견은 화강암이라는 질료에서 오는 무게감이다. 우리는 돌이 무겁다는 것을 알고 있다. 석탑을 만들 때는 이런 '선입견'을 지워야만 한다. 석가탑이 신라 최고의 석탑으로 불리는 이유는 바로 이 부분을 해결했기 때문이다. '진중하면서 경쾌하다'는, 도저히 어울릴 것 같지 않은 두 부분을 석가탑은 균형 있게 소화해 내고 있다. 그러나 이러한 균형의 내적인 긴장감은 문화나 경제력이 조금만 흔들려도, 구조에 대한 석공의 이해가 조금만 떨어져도 곧 한쪽으로 쏠리며 무너지게 된다. 이것은 모든 예술품이 가장 경계하는 정신의 몰락이다.

다양성으로 승부를 본 고려 시대의 석탑

통일신라 말기에 이르면, 사회가 혼란해지면서 탑에도 양식적인 혼란과 퇴화가 나타난다. 또 명상을 중심으로 하는 선종의 유입은 '객관성'보다는 '주관성'을 강조하는 풍조를 몰고 왔다. 그러다 보니 자율적인 양식이 강조된다. 통일신라 말기로 가면서 석탑은 기단의 갑석과 탱주의 숫자가 하나씩 줄어들게 된다. 즉 수평적인 공간 분할이 두 개로 축소되는 것이다. 또 시간이 좀 더 지나면 이중기단이 하나의 기단으로 간소화되는데, 이런 경향은 조선조까지 이어진다. 여기에 옥개

개성 남계원 터 7층석탑(고려 시대)　　　　월정사 8각9층석탑(고려 시대)

석 받침도 다섯 개에서 네 개로 줄어들게 된다. 전체적으로 양식이 고착화되면서, 간소해지고 왜소하게 변화된다고 보면 되겠다.

　　고려 시대 석탑의 가장 큰 특징은 콜라병과 같은 날씬한 자태와 5층·7층·9층·13층과 같은, 3층을 벗어나는 자유로움이다. 고려는 고구려의 계승을 표방했기 때문에 북방 기마민족의 정서가 있다. 그렇다 보니 남방의 경주를 중심으로 정착한 지 오래되는 신라와는 문화적 색깔이 조금 다르다. 이것을 관통하는 것이 바로 날씬한 미감과 다층구조이다.

　　중국도 한족이 만든 예술품과 유목민이 만든 예술품에는 뚜렷한 차이가 있다. 유목민인 선비족이 조성한 운강석굴은 한결같이 호리호

리한 자태를 뽐내는 데 반해, 한족화된 당나라의 용문석굴은 불상들이 모란꽃과 같은 풍만함을 자랑한다.

고려는 통일신라의 석탑 문화를 계승한다. 그럼에도 신라의 방정함보다는 날씬함에 더 큰 비중을 두었고, 이러한 차원에서 3층으로 일반화된 통일신라의 석탑과 달리 5층·7층·9층처럼 더 높아서 시원하게 보일 수 있는 층수를 선호했다. 또 통일신라의 탑이 4각형이라면 고려의 석탑에는 8각형도 등장한다. 고려를 대표하는 석탑으로는 묘향산 보현사의 8각13층석탑과 개성 현화사의 7층석탑, 그리고 국보 제48호인 월정사 8각9층석탑을 들 수 있다.

하지만 고려 시대의 석탑은 양식이 고착화되고 이후 퇴화하면서, 날씬함을 넘어 쇠잔하고 파리해 보이는 지경에 이른다. 과도한 다이어트의 부작용이 나타난 것이다. 또 원나라 간섭기에 이르면 우리의 양식과는 전혀 다른 석탑들이 등장하게 된다. 그 대표적인 탑이 국립중앙

공주 마곡사 5층석탑
고려 시대에 만들어진 것으로
티베트의 라마탑인, 속칭 풍마
동風磨銅을 상륜부에 얹고 있다.

박물관 입구에 있는 국보 제86호 경천사지 10층석탑이다. 이 탑은 원나라 장인에 의해 만들어졌다는 이야기가 전한다. 이 탑을 모사한 것이 현재 서울 탑골공원 안에 있는 보물 제2호 원각사지 10층석탑이다.

고려의 석탑에는 원 간섭기 티베트불교의 탑과 우리 전통의 고려탑 양식이 중층으로 결합된 보물 제799호 공주 마곡사 5층석탑과 같은 경우도 있다. 이 탑은 고려의 5층석탑이 청동으로 된 티베트의 라마탑을 상륜부에 얹고 있어, 보는 이로 하여금 흥미를 자아내게 한다.

아무런 특징이 없는 조선과 현대의 탑

조선의 석탑들은 조선 전기의 원각사지 10층석탑 정도를 제외하고는 딱히 볼 만한 것이 없다. 양식적으로 어떤 특징이 있기보다는 마구잡이로 대충 만들어진 것이라고 생각해도 무방하다. 잘 차려진 한정식이 아닌 국밥과 같이 여러 가지가 아무렇게나 섞여 있는 것이 조선의 탑이라고 하겠다.

현대에도 석탑은 계속해서 만들어진다. 그러나 현대의 석탑을 한마디로 요약하자면 '뻥끼'다. 뻥끼는 페인트칠의 속어로 겉만 그럴듯한 것을 의미한다. 현대의 석탑들은 현대의 기술로 국보나 보물급의 수작들을 모사해서 만들어진다. 그러다 보니 외형적으로는 대단히 우수하다. 그러나 과거를 재해석해서 현대화하지 못하고 단순히 습자지를 놓고 모사하는 것과 같은 작업은 뻥끼에 불과하다. 그것은 예술도 종교도 아닌 그저 거리의 기성복일 뿐이기 때문이다.

09

석등에는
조명의 기능이 없었다

사찰 마당을 장엄하는
석등 이야기

광양 중흥산성 쌍사자석등(통일신라)

건축이 미美에 방점을 찍어야 하는지, 실용에 방점을 찍어야 하는지는 오랜 논쟁거리였다. 물론 둘의 조화만큼 이상적인 것이 있으랴만 현실로 내려오면 그렇지만도 않다는 걸 알 수 있다. 특히 관官에서 짓는 건물은 더욱 그랬다. 얼마 전만 해도 학교나 관공서 건축은 '성냥갑 건축'이라고 불릴 정도로 오직 공간 활용에만 건축의 목적을 두었다. 하지만 최근에는 자연 친화나 시민 참여 등을 이유로 외양에서부터 급격한 변화를 보이기 시작해 이제는 도시의 랜드마크 역할을 하는 경우가 늘어나고 있다. 물론 이에 대한 반론도 만만치 않다. 특히 정치적 '과시용'이라는 혐의를 받을 때 그 비난은 배가되곤 한다. 하지만 어떤 관점에서 보느냐, 어디에 무게중심을 두느냐에 따라 시각은 얼마든지 바뀔 수 있다.

이상과 현실의 문제에서 종교는 당연히 이상을 중시한다. 이는 종교미술에서도 그대로 드러난다. 현실적인 가치만을 놓고 본다면, 종교는 아편일 수도 있으며 또 때로는 아편만도 못한 가치가 되기도 한다. 그러나 인간은 단세포동물처럼 눈앞의 현실에만 머물러 살 수 없

석등 앞 배례석(국립경주박물관 내)
옛 석등 앞에는 배례석이 있는 경우가 많았다. 절을 하던 곳이라는 설도 있고, 향로를 올려놓았던 곳이라는 설도 있다. 어느 설이든 모두 석등이 단순히 조명의 기능만 하던 곳은 아니라는 추측을 가능하게 한다.

다. 그래서 현실과 결부된 이상 또는 현실을 넘어서는 이상을 생각하게 되고, 이것이 종교 및 종교적 상징의 옷을 입고서 현실에 나타나게 되는 것이다. 실용만을 따진다면 유럽 성당의 화려한 스테인드글라스나 모스크의 돔 건축은 모두 부질없다. 그러나 그 속에는 인간의 이상 추구를 통한 행복의 염원이 담겨 있다. 이것이 종교이며 진정한 종교 미술을 보는 눈인 것이다.

통일신라 석등의 비효율성

석등은 크게 나누면 등을 받치는 하대와 등을 감싸고 있는 화사석 그리고 그 위 지붕돌의 세 구조로 되어 있다. 여기서 화사석火舍石이란 '불이 사는 집'이라는 뜻으로, 등이 들어가는 공간을 의미한다. 이 부분이 석등에서는 가장 중요하다. 하대는 화사석이 빛의 발산을 효율적으로 하도록 높이 들어 올린 부분이며, 지붕돌은 비와 같은 외부의 영향으로부터 화사석을 보호하는 역할에 중점을 두고 있다.

그런데 이러한 석등을 보면서 드는 가장 큰 의문은 등 하나를 밝히기 위해 이렇게 많은 공을 들일 필요가 있느냐, 그것도 돌로 조각할 필요가 있느냐 하는 것이다. 석등의 화사석은 8각형으로 조각되어 있지만, 구멍이 뚫려서 빛이 나가도록 되어 있는 부분은 네 방향뿐이다. 많은 빛을 원한다면 여덟 방향을 모두 뚫는 것이 효율적일 것이라는 점에서, 석등이 과연 단순히 조명을 위한 기구였는지 의심이 가는 대목이다.

보주
옥개석
화창
화사석
상대석
중대석
기단부
하대석
지대석

불국사 대웅전 앞 석등

화사석 안에는 등잔이 들어가고, 뚫려 있는 화창에는 한옥의 문처럼 한지가 발린, 격자로 된 창살이 설치되어 홈에 끼워지도록 되어 있었다. 실제로 사용된 석등의 홈에서는 작은 못 구멍들이 살펴지는데, 이는 창문을 고정시켰던 흔적이다. 석등을 볼 때 못 구멍을 확인해 보면, 이것이 오래전에 만들어 사용되던 것인지 최근 만들어진 것인지가 대번에 드러난다. 요즘 만들어지는 석등은 과거의 모습을 본뜨기는 해도 직접 사용하지는 않으므로 이 부분에 대한 처리를 하지 않기 때문이다.

통일신라 석등의 특징과 종교적인 상징

통일신라 석등은 한 채의 잘 지어진 8각형 정자를 연상시킨다. 이러한 정자를 활짝 핀 연꽃이 떠받치고 있는 구조라고 이해하면 되겠다. 불교에서 연꽃은 부처님의 깨달음을 상징한다. 그러므로 연꽃이 피어 있다는 것은 그 위에 깨달음을 상징하는 무언가가 있다는 의미이다. 이렇게 본다면 통일신라 석등은 단순한 가로등이 아니라, 빛을 통해 부처님의 깨달음을 환기시키고 있는 것이다. 빛을 통해서 신성을 일깨우는 방식은 중세 유럽 성당을 장식하고 있는 장미창과 같은 것으로도 확인된다.

통일신라의 8각형 정자식 석등은 인도에서 중국으로 전해진 부처님의 사리를 모시고, 전시하고, 예배하던 공간에서 유래한다. 중앙에 사리를 모시고 원형으로 돌거나 예배하는 목적에는 4각형보다는 8각형 건축이 더 적합하고, 또 건축물의 위계도 8각형이 4각형에 비해서 높았다. 그렇기 때문에 4각이 아닌 8각형의 건축물에 부처님의 사리가 모셔졌던 것이다. 이와 같은 건축 구조는 중국 목탑과 더불어 고승들의 사리 수납공간인 돌무덤, 즉 8각 원당형 부도의 시작점이 된다. 중국으로 전래된 부처님의 사리 숭배 방식이 변화하여, '동아시아 목탑'과 '통일신라 석등' 그리고 '8각 원당형 부도' 세 가지를 형성하게 된 것이다.

그렇다면, 통일신라 석등이 본래 사리 숭배 공간이었다는 점을 이해하면 그 속의 등은 당연히 사리, 즉 깨달음의 결정에 상응하는 것이 된다. 그렇기 때문에 활짝 핀 연꽃이 등을 떠받치고 있는 것이다. 이와 같은 상징성은 충북 보은 법주사 쌍사자석등에서처럼, 사자가 왜 석등을 받치고 있는지에 대한 이해도 가능하게 한다.

인도에서 사자로 장식된 좌대를 쓰는 것은 군왕과 성자뿐이다. 이것이 불교문화로 수용되어 부처님의 좌대에 사자를 장식했고, 이를 사자좌라고 한다. 그런데 석등에서도 이와 같은 양상이 살펴지는 것이다. 사자를 좌대로 사용하는 또 다른 예로는 국보 제35호 전남 구례 화엄사 4사자 삼층석탑이나 충북 제천 사자빈신사지 4사자 구층석탑, 전남 순천 선암사의 화산 대사 부도 등을 들 수 있다. 여기에서도 역시 탑·부도·석등의 일치점이 확인된다.

부처님의 핵심 가르침을 몇 가지로 요약하면 흔히 삼법인, 사성제, 팔정도, 12연기라고 말한다. 이 중 실천적인 측면을 더욱 도드라지게 드러낸 것이 사성제와 팔정도다. 화사석의 8각형 구조와 4화창은 4성제가 중심이 되어 8정도를 실천하는 불교의 핵심 가르침을 싱징하고 있다. 그렇다면 통일신라의 석등이야말로 불교적인 이상을 그대로 현실에서 드러내고 있는, 전 세계에서 가장 탁월한 신품神品이라 이를 만하다. 그 어떤 민족이든 문화든 등燈에 이와 같은 상징과 미감을 온축한 경우는 없다. 이것이 바로 신라인의 위대성이다.

실용성을 강조하는 고려의 석등

고려의 석등은 통일신라 석등에 비해 실용성을 강조한다. 그러다 보니 화사석을 4각으로 만들어 네 방향을 모두 뚫는 방식을 취하게 된다. 그러나 통일신라와 고려의 석등 구조에서 가장 주목해야 할 부분은 등이 내부에 들어가는 방식이다. 통일신라의 석등 안에는 등잔만 들어가고 한쪽을 여닫으며 스님이 등잔에 불을 붙이는 방식을 취했다. 그러나 고려의 석등은 등잔에 외곽을 씌운 사각형 등 자체를 들이고 내는 방식을 취한다. 그래서 화사석의 크기가 커지고 화사석 주위에 창문이 필요 없어진다.

화사석의 크기가 커지면 석등은 가분수처럼 머리가 무거워 보인다. 전체 비례가 맞지 않게 되는 것이다. 그런데 여기서 흥미로운 것은, 고려인들은 가분수와 같은 석등의 모양을 부담스러워하지 않고 오히려 이를 권위로 이해했다는 것이다. 지나친 과장이 확인되는 부분인데, 이와 같은 양상은 보물 제232호인 충남 논산 관촉사 석등이나 개성 현화사 석등 등을 통해서 알 수 있다. 그런데 이렇게 상체를 크게할 경우에는 당연히 하체가 빈약해지는 문제가 발생한다. 이를 수정

현화사 석등(고려 시대)

대승사 정료대(조선 시대)
야간에 관솔불을 피워서 올려놓던 곳이다.

하기 위해서 고려인들은 하대의 기둥을 더 크게 만들었는데 그럼에도 머리가 큰, 우스꽝스러운 모습은 어쩔 수 없다. 고려 시대 사람의 미감으로서는 이것이 훌륭했는지 모르겠지만, 오늘날의 관점에서 이는 권위를 나타낸다기보다 그저 불균형으로 비칠 뿐이다.

이렇게 고려의 석등은 통일신라 석등과 같은 날렵하면서 정제된 모습은 사라지고, 다소 해학적이며 둔중한 모습만 남게 된다. 이는 석등이 부처님의 깨달음을 상징한다는 의미가 없어졌기 때문이다. 그러다 보니 화사석을 활짝 핀 연꽃으로 떠받치던 모습도 사라지면서 더욱 실용적인 디자인으로 변하게 된다.

또한 고려 시대에는 통일신라기 주류를 이루었던 8각 원당형 부도 양식이 변화하여 석종형 부도가 주류를 이루게 된다. 이는 전체적으로 8각형의 전각에 사리를 모시고 예배하던 풍조가 사라지면서, 이에 수반되던 문화구조 자체가 한국 문화재 전반에서 자취를 감추었다는 것을 의미한다. 그러다가 조선 시대로 오면 고려의 머리가 무거운 과장된 장엄의 상징성마저도 사라지고, 완전히 불을 밝혀서 주변을 환하게 한다는 실용성만 남게 된다.

이렇게 해서 석등의 문화는 단절되고 석등의 자리는 정료대가 대체하게 된다. 정료대는 돌로 된 대 위에 직접 모닥불을 지피는 방식이다. 밝기 면에서 석등은 정료대에 상대가 되지 않는다. 하지만 정료대의 실용성은 종교에서 강조하는 미학적 이상을 모두 잃어버린 퇴색한 조선불교를 나타내는 것 같아 쓸쓸한 여운을 남긴다.

우리나라는 대체로 중국 건축의 영향을 받았다.
대부분의 사찰이 남쪽을 바라보고 있는 것도 이 때문이다.
하지만 우리나라에 전래된 불교가 중국의 것만으로 점철된 것은 아니다.
때로 인도 문화의 영향을 직접 받은 것으로 보이는 흔적도 곳곳에 남아 있다.

3장

전각의 배치와 장엄

10.

가람배치에도
원칙이 있다

직선으로 배치된
전각

월정사 전경
사찰은 산에 많기 때문에 산세와 계곡을 따라 건물들이 구불구불하게 배치되어 있는 경우가 많다.
하지만 모든 전각은 일정한 원칙을 갖고 배치된다. 그렇기 때문에 남북을 축으로
배치되는 건물과 좌우에 벌려져 있는 건물은 어느 사찰이나 동일하다. 물론 이런 원칙에도 예외는 존재한다.

인도인은 직선보다는 원형이나 정방형을 선호한다. 모든 것의 시작점이 되는 세계관이나 우주론에서도 이런 경향이 뚜렷이 드러난다. 그들이 그린 우주는 좌우와 상하가 대칭이다. 이런 원형이나 정방형 선호는 '만다라' 같은 문화를 만들기도 했다. 하지만 중국인은 직선을 선호한다. 중요한 것일수록, 어른일수록 그 줄의 끝에 위치한다. 또 어린 사람은 어른들이 있는 곳을 가로질러 가지 못한다. 예의에 어긋난다고 생각했기 때문이다.

우리 민족도 원형이나 정방형보다는 직선을 선호한다. 아침저녁으로 드리는 예불 시간에 맞춰 큰 절 법당에 들어가 보시라. 불상과 가까운 앞 열은 이제 갓 출가한 행자들 차지다. 그 다음에 예비 승려인 사미가 있고 그 뒤에 비구 그리고 더 뒤쪽에 어른 스님들이 있다. 뒤로 갈수록 위계가 높아진다. 이는 사찰 건축에도 그대로 적용된다. 이를 다른 말로 일향성一向性 구조라고 하는데, 일방통로와 같이 한 방향으로 줄을 세웠다는 뜻이다.

〈인도의 관점〉

핵심

핵심

〈동아시아의 관점〉
일향성

북쪽

핵심
↓
남쪽의 향함

남쪽

인도의 사찰은 동쪽, 동아시아의 사찰은 남쪽

아리안족은 중앙아시아 초원steppe 지역(대략 현재 카자흐스탄을 중심으로 아시아와 유럽에 가로로 걸쳐 있는 긴 지대)에 거주하던 유목민이었다. 하지만 여러 이유(기후 변화로 추정)로 뿔뿔이 흩어지게 되는데, 서쪽으로 이동한 사람들은 유럽인의 선조가 되고 남쪽으로 이동한 사람들은 이란 고원에 정착해 이란인의 조상이 된다. 이때 동쪽으로 이동해 인도에 정착한 사람들이 현대의 인도인이다. 이들은 태양을 숭배하던 집단이다. 따라서 인도문화 곳곳에는 이런 흔적이 남아 있다. 불교도 예외가 아니다. 동쪽 성문을 통해 출가한 싯다르타는 보리수 밑에 길상초를 깔고, 동쪽을 향해 앉아 빛나는 새벽별이 뜰 때쯤 깨달음을 얻는다. 부처님이 깨달음을 얻은 곳에 세워진 마하보디 대탑사 역시 동쪽을 향하고 있다.

이에 반해 중국을 비롯한 동북아 지역의 사찰들은 대부분 남쪽을 향해 지어졌다. 일조량과 큰 관련이 있을 것으로 추측된다. 하지만 꼭 실용적인 의미에서 건축 구조가 확립된 것이라고만 볼 수만은 없다. 주나라 때 명토 박아 놓은 '천자는 북쪽에서 남쪽을 향해 앉는다.' 는 방위 개념이 중국의 역사와 문화에 관통했던 것을 감안하면, 사찰 건축도 이에 영향을 받은 것을 짐작할 수 있다.

우리나라는 대체로 중국 건축의 영향을 받았다. 때문에 대부분의 사찰은 남쪽을 바라보고 있다. 하지만 우리나라에 전래된 불교가 중국의 것만은 아니다. 인도 문화의 영향을 직접 받은 것으로 보이는 흔적도 곳곳에 남아 있다. 대표적인 것이 석굴암이다. 석굴암의 부처님은 남쪽이 아니라 인도의 부처님처럼 동쪽을 향하고 있다. 하지만 이는 예외일 뿐이다.

전형적인 한국 사찰의 전각 배치는 다음의 그림과 같다.

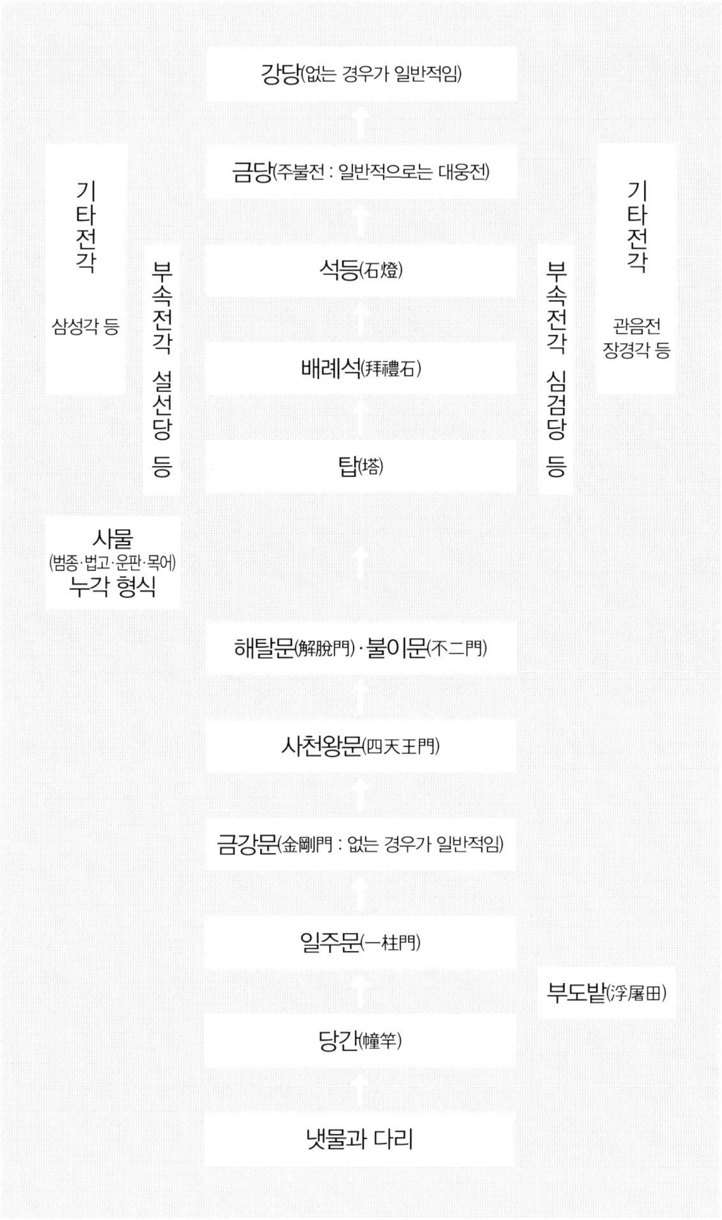

강당(없는 경우가 일반적임)

↑

금당(주불전 : 일반적으로는 대웅전)

↑

석등(石燈)

↑

배례석(拜禮石)

↑

탑(塔)

↑

기타전각

삼성각 등

부속전각 설선당 등

기타전각

관음전 장경각 등

부속전각 심검당 등

사물
(범종·법고·운판·목어)
누각 형식

해탈문(解脫門)·불이문(不二門)

↑

사천왕문(四天王門)

↑

금강문(金剛門 : 없는 경우가 일반적임)

↑

일주문(一柱門)

↑

부도밭(浮屠田)

당간(幢竿)

↑

냇물과 다리

산사가 많기 때문에 산세와 계곡을 따라 건물들이 구불구불하게 배치되어 있는 경우가 많지만, 전체적인 구조는 그림과 크게 다르지 않다.

금당의 뒤에 위치하는 전각

사찰의 중심은 금당(주불전)이다. 그래서 예외 없이 금당에는 해당 사찰에서 모시는 최고 어른이 계신다. 따라서 앞에서 말한 일향성의 원칙에 따르면, 금당 뒤에는 다른 전각이 있어서는 안 된다. 그런데 간혹 금당 뒤에도 전각이 들어서는 경우가 있다.

불국사는 대웅전 뒤에 무설전無說殿[※]이 위치한다. 무설전은 '진리는 말없이 설해진다'는 의미의 전각이다. 이곳은 법法, 즉 가르침을 설하는 강당이다. 예전에는 금당에서 함부로 법을 설할 수 없었다. 부처님의 집이기 때문이다. 그래서 법을 설하는 강당이 만들어졌던 것이다. 이런 의미에서 본다면 강당은 금당의 부속 건물이 된다. 그럼에도 강당이 금당의 후면에 위치할 수 있었던 것은 불교에서 법이 가지는 특별함 때문이다. 불교는 '예배'를 중요시하긴 하지만, 궁극적인 목적은 법을 통한 깨달음이다. 이런 연유로 일반적인 부속 전각과 달리 불상을 모신 금당 뒤에 법을 설하는 공간을 만들 수 있었던 것이다.

강원도 평창 월정사의 경우 주불전인 대적광전 뒤로 삼성각과 진영각이 배치되어 있다. 하지만 이런 경우는 불국사의 무설전처럼 주불전의 축선과 일치해서 전각을 세우는 것이 아니라, 중심 축선으로

※ 무설전無說殿
관세음보살과 관련된 게송에 "백의관음무설설白衣觀音無說說 남순동자불문문南巡童子不聞聞"이라는 것이 있다. 번역하면 "백의의 관세음보살께서 말 없는 가르침을 설하시자, 선재동자는 그것을 들음 없이 듣는다네."라는 의미다.

부터 벗어나게 해서 전각을 둔다. 그런데 이런 보조 전각의 뒤쪽을 보면 가파른 산비탈이 펼쳐져 있는 경우가 많다. 한옥 건축은 특성상 위에서 누르는 힘에는 강하지만 측면에서 치고 들어오는 힘에는 취약하다. 주불전의 뒤쪽에 가파른 산비탈이 자리 잡고 있을 경우, 태풍 등에 의해 나무나 바위가 굴러 떨어지는 수가 있다. 이때 주불전의 파손을 방지하기 위한 장치로 이와 같은 부속 건물을 주불전의 후면에 배치한다. 이런 경우는 목적이 주불전에 대한 방어라고 하겠다.

이외의 사찰로는, 통도사처럼 부처님 진신사리를 모신 보궁을 들 수 있다. 이를 보궁사찰이라고 하는데, 우리나라에는 5대 보궁이라고 해서 통도사, 오대산 중대, 정암사, 법흥사, 봉정암이 있다. 이들 보궁사찰은 부처님의 진신사리를 모시고 있기 때문에 주불전에 따로 불상을 모시지 않는다. 부처님의 사리가 직접 모셔져 있으니 불상이 필요 없다는 의미다. 보궁사찰의 경우는, 보궁이 핵심이고 오히려 그 앞의 주불전이 보조 전각이라고 이해하면 되겠다.

11.

절에는 왜 전각도 많고
부처님도 많을까

중심 전각과
부속 전각

직지사 대웅전

불교를 '석가모니 부처님을 숭배하고 따르는 종교'라고 정의하는 것은 맞지 않는 설명이다. 힘들 때 의지할 곳을 찾는다는 사람까지 굳이 말릴 필요야 없겠지만, 불교는 '진리를 통해서 스스로 깨쳐 부처가 되는 것'을 목적으로 하는 종교. 그렇다면 깨친 사람이 석가모니 부처님 한 분뿐일까? 불교에는 석가모니 부처님 외에도 다양한 부처님들이 존재한다.

하나 더! 보통 불교라고 하면, 하나의 통합된 견해나 의견이 있다고 생각하지만 꼭 그렇지만은 않다. 이것이 인도불교에서는 학파가 되고 중국불교에서는 종파로 발전한다. 서로 다른 학파와 종파는 근거로 삼는 중심 경전이 달랐고, 그것을 이해하는 방식도 달랐다. 또 '부처님'을 보는 방식에서도 이견이 있었다. 마치 예수를 신성으로 이해하느냐 인간으로 이해하느냐, 마리아에게 신성을 부여할 것인가 아닌가에 따라 다양한 기독교 교파들이 존재하는 것처럼 말이다.

불상 무늬 전돌(중국)

중심 전각과 부처님

중국에 종파 불교가 성립된 시기는 대략 5~7세기경이다. 이후 이런 경향은 동아시아 전체에 걸쳐 꽤 오랜 시간 영향을 주게 된다. 종파들 사이에는 소의경전(所依經典, 교리와 신행에 있어 가장 중요하게 여기는 경전)이나 수행 방법에 차이가 있는 경우가 많았고, 이에 따라 중심 전각에 모시는 부처님 역시 다르곤 했다.

대부분의 종파들은 석가모니 부처님을 주존으로 모셨다. 이런 경우 본존불은 당연히 석가모니 부처님이 되고, 중심 전각은 대웅전이 된다. 그러나 불교에는 석가모니 부처님 외에도, 아미타불이나 비로자나불 또는 미륵불과 같은 다양한 부처님이 존재한다. 그러므로 상황에 따라서 중심 전각에 모시는 본존불이 다르고, 이와 함께 중심 전각의 명칭도 변하게 된다.

예컨대 경북 안동 부석사의 주불전은 무량수전이며 본존불은 아미타불이다. 또 경남 합천 해인사처럼 화엄사상을 중심으로 하는 사찰의 주불전은 대적광전이며 본존불은 비로자나불이다. 이외에도 충북 보은 법주사나 전북 김제 금산사처럼 과거에 유가법상종※에 속했던 사찰에서는, 주불전이 미륵전이며 본존으로는 미륵불이 모셔지곤 했다.

하지만 이런 특색은 조선 시대에 들어와서 급격히 변한다. 정권에 의해 불교 종파들이 강제로 선교 양종으로 통폐합되면서 종파의 색깔을 잃게 된 것이다. 이로 인해 임진과 병자의 양란 이후가 되면, 오늘날과 같은 대웅전 중심의 사찰 구조가 보편화된다.

※ 유가법상종瑜伽法相宗
유가법상종의 교의가 되는 유식사상은 미륵의 가르침을 받은 무착과 세친에 의해 정립되었는데 현장 법사에 의해 중국에 소개되어 그 제자인 규기가 종파로 성립시켰다. 우리나라에 소개된 뒤 신라 경덕왕 때 태현 스님에 의해 종파로 성립되었다. 미륵의 가르침에서 종파가 시작되었기 때문에 미륵불을 신앙한다.

부속 전각에 모셔지는 불보살

중국 건축의 기준과 방법을 집대성한 북송 시대 이계李誡의 저작 『영조법식』에는, "중요한 건물은 남북의 일직선상에 배치하고 부수적인 건물들은 동서로 배치한다."는 건축 원칙이 기록되어 있다. 『영조법식』은 한 사람의 창작물이라기보다는 당시 중국 건축의 일반론을 '집대성'한 성격이 크다. 그러므로 북송 이전부터 사찰을 비롯해 많은 건축물들이 이와 같은 원칙에 의해 배치되었다고 볼 수 있다. '부수적인 건물'은 불교에서는 부속 전각에 해당한다. 일반적으로 대웅전의 앞쪽 마당은 전면의 해탈문과 함께 口자 형 구조를 이루게 된다. 이때 좌우에 들어서는 건축물이 부속 전각이 된다. 부속 전각은 '부속'이라는 말에서 느껴지는 어감만큼이나 상황에 따라서 편차가 크다.

우선 강당(강원)과 선원의 배치에 대해 알아보자. 주불전을 중심으로 좌측에 심검당尋劍堂, 우측에 설선당說禪堂이 들어서게 된다. 심검당이란 마음속의 검을 찾는다는 의미로 선원의 별칭이다. 또 다른 별칭으로는 선불장選佛場이 있다. 선불장이란 부처님을 뽑는 과거장이라는 의미다. 설선당이란 선을 설한다는 것으로, 경전을 가르친다는 의미다. 요즘 사람들은 한자에 익숙하지 않아 이런 편액을 보아도 그 맛을 느끼지 못하지만, 조금만 알고 보면 옛 사람들의 표현이 무척 재미있다는 것을 알게 된다.

다음으로 주불전을 중심으로 좌측에 지장전이 모셔지고 우측에 강당이나 노전爐殿*이 들어서는 경우이다. 지장전은 망자를 위한 49재나 천도재와 같은 제례가 모셔지는 전각이다. 강당은 강학 공간이며, 노전

※ 노전爐殿

노전이란 일로향각一爐香閣이라고도 하는데, 불교의식에는 향이 주가 되므로 향로를 상징하는 노전이나, 향로와 향을 함께 나타내는 일로향각이라는 명칭이 사용되는 것이다.

불국사 안양문(사진 앞쪽)과 자하문(사진 뒤쪽)
자하문을 통과하면 석가모니 부처님에게로, 안양문을 통과하면 아미타 부처님께로 가게 된다.

은 향로를 관리한다는 의미로 주불전을 전속으로 담당하는 승려가 거처하는 곳이다. 다른 불전들과 달리 주불전은 위계가 높기 때문에 이곳을 담당하는 승려의 위계 또한 높다. 그래서 거주처를 노전이라고 높여서 불러 주는 것이다. 노전은 승려의 생활 공간이기 때문에 그리 넓은

면적을 차지하지 않는다. 그러므로 강당에 부속되어 있는 경우가 많다.

마지막으로, 좌측의 지장전은 동일한데 우측에 천불전이나 나한전 또는 영산전과 같은 전각이 들어서는 경우다. 천불전은 1,000분의 부처님을 모신 전각이고, 나한전은 부처님의 제자 중 깨달음을 얻은 아라한들을 모신 전각이다. 또 영산전은 석가모니 부처님께서 가르침을 설하시던 영산, 즉 영축산을 형상화한 전각이다. 이런 전각들은 모두 석가모니불과 관련이 있다. 석가모니 부처님이 아닌 다른 부처님을 모신 전각을 대웅전의 부속 건물로 둘 수는 없기 때문에, 같은 석가모니 부처님이 주존이 되는 전각이 들어서는 것이다.

참고로 한 사찰 안에 아미타불이나 비로자나불을 같이 모실 경우는 아예 별도의 영역을 구축해서 모시게 된다. 왜냐하면 부처님 간에는 차이는 있지만 높낮이는 존재하지 않기 때문이다. 불국사나 통도사가 그 예가 된다. 불국사는 진입 계단이 둘이어서 자하문을 통과하면 석가모니 부처님에게로 가게 되고 안양문을 통과하면 아미타 부처님께로 가게 된다. 한 지붕 두 가족인 것이다. 통도사는 비로자나불 영역을 완전히 구분해서 설치하고 있다. 이 경우는 들어가는 방향은 같지만 더 들어가느냐 덜 들어가느냐의 차이가 있는 것이다. 마치 지하철을 타고 한 정거장을 가서 내리느냐 두 정거장을 가서 내리느냐의 차이라고 할까? 과거에 이런 세심한 배치를 고려했다는 게 흥미롭기만 하다.

기타 전각에 모셔지는 존상들

중심 전각과 부속 전각 간에는 명확한 위계가 있다. 다만 그 위계를 설정하기 힘들 때는 별도의 영역을 만들기도 한다. 하지만 불교에는 워낙 많은 불보살들이 계시기 때문에, 상황에 따라서 이도저도 아닌 다소 애매한 경우도 있다. 이런 경우에는 중심 전각과 부속 전각 외에 별도의 전각을 만들기도 한다. 대표적인 경우가 관세음보살을 모신 관음전이나 장경각 또는 삼성각과 같은 전각이다.

보통 2~3개 전각밖에 없는 사찰도 대부분 관음전은 있다. 관음전은 그만큼 우리 민중에게 인기 있는 전각이다. 그러나 대웅전의 부속 전각에 포함시킬 수 없고, 그렇다고 별도의 영역을 설치해 주기도 애매하다. 이런 문제로 인해 관음전은 배치에 있어서 자율성을 가지는 경우가 많다. 장경각도 유사하다. 장경각은 경전을 만들 때 사용하는 장경판을 보관하는 곳이다. 그런데 이 또한 결코 무시될 수 없는 특수 건물이다. 그렇다 보니 한구석으로 갈 수는 없다. 그러므로 기타 전각에 속하게 된다. 삼성각은 우리의 토속신앙과 결합된 것인데 이 경우는 인기가 많다. 그래서 멀리에 두지는 않고 부속 전각 가까이에 배치한다. 이런 점들을 보면, 사찰의 가람 배치는 위계 및 인기와 서열 등에 따른 복잡한 구조로 되어 있다는 것을 알게 된다.

12.

절에는
숨어 있는 전각이 있다

산신각, 독성각, 칠성각

봉선사 삼성각
칠성각, 독성각, 산령각이 한데 있다.

『중아함경』과 『장아함경』에 「선생경善生經」이라는 이름으로 수록되어 있는 「육방예경」에는, 선생善生이라는 사람이 매일 일어나서 동남서북과 상하의 여섯 방위에 절을 올리는 내용이 나온다. 부처님이 이 광경을 보고 까닭을 묻자, 선생은 '조상으로부터 전해진 전통'이라고 답한다. 그러자 부처님은 그 내용을 가르쳐 주겠다고 하면서 각각의 방위마다 의미를 부여해 가족과 사회 및 종교인을 대하는 존중의 윤리에 대해 설명해 준다.

선생이 아침마다 여섯 방향에 절을 한 것은 오래전부터 이어져 온 방위 숭배의 잔재임이 분명하다. 그러나 이를 본 부처님은 그것의 헛됨을 나무라지 않고, 오히려 북돋아 주면서 '재해석'을 통해 승화시켜주고 있는 것이다. 물론 부처님도 당시 소위 '육사외도'♣라고 불리던 다양한 사문들과 날카로운 토론을 벌이기도 했고 비판하기도 했

별자리 제사에 쓰인 접시(고려 시대)
고려 시대에 북두칠성에게 올린 도교道敎 제사에 사용된 접시다. 도교에서 칠성은 칠원성군七元聖君으로 불리며, 수명장수 등 인간의 길흉화복을 주관하는 것으로 여겨진다.

다. 하지만 이런 '지적'과 '조화'를 통해 교단을 넓혀 간 예도 경전 곳곳에 등장한다. 특히 불교는 전파되는 과정에서 선주 문화와 충돌하지 않고 융합·발전해 가며 침략이나 분쟁 없이 안착하는 특징을 보이는 종교이기도 하다.

보이지 않는 곳에서 존재하라

불교는 이렇게 사찰 안으로 전통 신앙을 수용했다. 그러나 제아무리 관용의 종교라 하더라도 자신들과 다른 신앙을 '전면'에 내세울 수는 없다. 존중은 하지만 수직적으로 받들어 줄 수는 없었다는 말이다. 그렇기 때문에 불교 안으로 받아들여져 버젓한 각閣이 만들어지기는 하지만, 일반인들이 쉽게 볼 수 없는 곳에 배치해 놓는다.

대다수의 사찰이 산에 위치하다 보니 산신을 모신 산신각은 불교적인 것이 아님에도 비중이 크다. 때문에 절에서 산신각 찾기가 그리 어려운 건 아니다. 하지만 부엌에만 모셔져 있는 조왕신, 즉 부뚜막신은 사찰의 부엌에 가지 않으면 좀처럼 찾아볼 수 없다. 또 집을 호위하는 신과 같은 역할의 가람신을 모신 가람각은 통도사 같은 일부 사찰 외에는 없으며, 통도사 역시 입구의 한쪽에 치우쳐져 있어 아는 사람 외에는 찾기가 어렵다. 성황신을 모신 성황각도 마찬가지다. 월정사의 성황각은 지금은 변경된 일주문 안쪽에 위치해 있지만, 원래 일주문이 있던 자리를 기준으로 보면 일주문 밖에 위치하고 있었다. 그렇기 때문에 미리 알고 가지 않으면 그 앞을 지나가도 잘 보이지 않을 정도다.

이렇게 본다면 '불교도 완전히 관대하지는 않구나.'라고 생각할 수 있다. 하지만 이는 가람 배치의 '원칙'과도 관련이 있다. 애초 설정된 가람 배치에 이런 전각들은 어디에도 속할 수 없기 때문이다. 그래도 그림으로는 이들을 모두 대웅전에 모셔 주는 관용을 보인다. 대웅전의 부처님을 중심으로 좌측에는 보통 신중단이 위치한다. 신중단이란 신의 무리를 모신 단이라는 의미이다. 그런데 원래 이곳에 모셔지는 인도 신격은 39위[☙]였다. 이것이 우리나라에 오면 104위로 늘어난다. 65위나 늘어난 것이다. 이 65위의 신이 바로 우리의 전통문화에서 숭배되던 신들이다. 불교가 이들을 냉대한 것만은 아닌 것이 분명해진다.

☙ 위位
39위와 104위에서 '위位'는 신神을 세는 단위이다. 비단은 한 '필', 책은 한 '권'처럼, 각각에 세는 단위가 정해져 있는 경우라고 이해하면 된다.

특별히 두 번 모셔지는 '산신'

전통적인 숭배 대상들 중 산신의 위치는 상당히 강력하다. 산신각은 보통 가로 한 칸 세로 한 칸의 약 한 평쯤 되는 넓이로 대웅전 뒤의 한적한 곳에 위치한다. 그런데 흥미로운 것은 삼성각 안에도 산신이 있다는 것이다. 한 사찰에 두 번씩 등장하는 것은 교조인 석가모니불 외에는 없다. 산신은 엄청난 특별대우를 받고 있는 셈이다.

산신이 인기가 좋은 것은 산악숭배의 영향도 있지만, 현재 남아 있는 사찰의 대다수가 조선이라는 숭유억불기를 거치면서 산사로 남기 때문이다. 스님들 역시 또 다른 측면에서의 산신 지지자인 것이다.

삼성각에는 일반적으로 북극성을 불교적으로 표현한 치성광여래를 중심으로 좌우에 독성과 산신이 모셔진다. 치성광여래를 그린 〈치

치성광여래와 북두칠성(조선 시대)
치성광여래와 북두칠성을 상징하는 일곱 부처님을 중심으로 한 불화이다. 치성광여래의 정수리에서는 여러 줄기의 서기가 뻗어 나가고, 양쪽
으로는 칠 여래가 묘사되어 있다. 그 아래에는 자미대제와 일광보살, 월광보살 그리고 칠월성군이 그려져 있다.

성광여래도)에는 북극성만이 아니라 북두칠성과 일월 그리고 남극노
인성과 청룡·주작·백호·현무의 사신 28수 등이 모셔진다. 즉 그 자체
가 고대 별 숭배의 종합판인 것이다. 그런데 흥미로운 것은 삼성각은
전통적인 숭배 대상을 모시고 있음에도, 산신각이나 성황각처럼 외진
곳에 있는 것이 아니라 다른 전각의 영역에 버젓이 들어간다는 점이
다. 실제로 삼성각은 산신각이나 가람각처럼 작은 전각이 아니라 제
법 규모가 큰 번듯한 형태를 취하고 있다. 이는 하늘을 찌를 듯한 이들
의 인기를 불교가 좌시할 수 없었기 때문이다.

또 삼성각에는 독성(나반 존자)이라 해서 신선 숭배와 같은 측면도 존
재하는데 이 역시 불교의 빈두루 존자와 연결되면서 불교적인 위상을
확보한다. 이렇게 되자 삼성은 불교 밖에서 유래한 신앙임에도 불구
하고, 불교 안에서도 자유로운 위치를 갖게 된다. 이로 인해 삼성각은
대다수의 큰 사찰에는 모두 존재하며, 그것도 당당한 위치에 자리하
고 있다. 민중의 지지를 잃어버리지 않은 신은 상황이 변해도 잊혀지
지 않는 것이다. 이는 종교의 운명에 대해서 우리의 관점을 환기시킨
다는 점에서 시사하는 바가 적지 않다.

13.

절은 궁궐보다 귀하고
부처님은 왕보다 높다

전각의
기와와 단청

조주 스님이 머무셨던 중국 허베이 성의 백림선사
황궁과 같은 황색의 기와를 얹고 있다.

성인聖人은 군주여야만 한다. 적어도 옛 중국에서는 그랬다. 성인이 아닌 군주는 있을 수 있지만, 군주가 아닌 성인은 있을 수 없다. 이런 논리를 성인군주론聖人君主論이라고 한다. 중국 역사를 잘 몰라도 한 번쯤은 들어 봤을 요堯·순舜·우禹·탕湯은 모두 '성인군주'다. 그런데 공자孔子는 성인이지만 군주는 아니었다. 모순이다. 이런 모순은 당나라 현종 대(739년)에 이르러 해결된다. 공자에게 문선왕文宣王이라는 시호가 내려진 것이다.

인도에서 발생한 불교가 중국으로 넘어와 안착할 수 있었던 데는 여러 가지 이유가 있다. 그중 하나가 중국문화와 '동화'되었다는 것인데, 이런 측면에서 보자면 부처님이 성인인 동시에 태자였다는 사실이 불교의 중국 '동화'에 일조했음이 분명하다.

가칠단청, 긋기단청, 모로단청, 금단청(위에서부터)

황제의 대우를 받은 부처님

명·청대의 황궁인 자금성 지붕에는 황색 기와가 빼곡하다. 그런데 이 황색 기와는 중국의 유서 깊은 대찰들에서도 역시 발견할 수 있다. 중국에서 황색은 황제만 사용하는 색이다. 다시 말하면 부처님은 중국의 군주인 황제와 동급인 셈이다.

이는 불상에서도 확인된다. 물론 동남아시아나 티베트 등에서도 불상은 금으로 개금한다. 황금색 불상의 기원은 불교가 발생한 인도로까지 거슬러 올라간다. 하지만 중국에서 부처님이 성인의 지위를 확보하지 못했다면, 황금색을 함부로 사용할 수는 없었을 것이다. 이는 태상노군太上老君으로도 불리는 노자老子의 상이 금으로 개금된 것을 통해서도 알 수 있다.

또 부처님이 계신 곳을 대웅전大雄殿이라 하고 부처님의 사리를 모신 곳을 적멸보궁寂滅寶宮이라 하는데, 각각 사용된 '전殿'이라는 글자와 '궁宮'이라는 글자만 봐도 부처님은 군왕급 예우를 받았음을 알 수 있다. 이외에도 민가에는 99칸✽ 이상의 건물 증축이 금지되어 있었지만 사찰에서는 가능했던 것, 그리고 단청을 했던 것을 통해서도 부처님은 성인과 군왕의 예우를 받았음이 분명하다.

99칸의 제한을 받지 않았던 사찰 건축

고려는 불교국가였다. 국왕은 국사國師나 왕사往師에게 절을 했다. 부처님이 왕보다 높았기 때문이다. 하지만 조선 초 이성계가 무학 대

✽ 칸
99칸의 '칸'은 한옥건축에서 기둥과 기둥 사이의 공간을 말한다. 공간이 아닌 길이만을 말할 때는 '간'이라고 발음해서 차이를 둔다. 그러나 사용되는 한자는 모두 '사이 간間'으로 같다. 즉 공간일 때는 칸, 길이일 때는 간이다.

사를 왕사에 책봉하고 절을 올린 이후, 이런 예는 다시 발견할 수 없다. 불교의 암흑기가 도래한 것이다. 그러나 그럼에도 부처님이 성인이라는 위상은 유지되고 있었다. 사찰은 여전히 99칸의 제한을 받지 않았고, 궁궐 건축에만 할 수 있었던 단청도 허용되었다.

경주의 양동마을이나 안동의 하회마을에 간 적이 있다. 첫 느낌은 '작다'는 것이었다. 아마 큰 절에서 생활하는 스님들이 공통적으로 느끼는 정서일 것이다. 사찰에는 이런 민가에 적용되는 99칸의 제한이 없기 때문이다. 또 이들 마을에 비해 사찰이 더 화려하게 느껴지는 이유는 민가에는 허용되지 않았던 단청이 사찰에는 허용되었기 때문이다. 조선이라는 숭유억불기에도 사찰은 양반가의 건축과는 비교될 수 없는 위계를 확보하고 있었던 것이다. 이는 부처님이 성인이기 때문에 가능했던, 동아시아 문화의 특수성이 반영된 측면이다. 만일 이와 같은 배경 문화가 없었다면, 조선의 사찰들은 훨씬 더 위축되고 열악한 환경에 내몰렸을 것이다.

단청은 왕궁과 사찰에만 할 수 있었다

단청丹靑이란 한자를 우리말로 풀면 '빨갛고 파랗다.'는 뜻이다. 울긋불긋하다는 의미다. 사찰 건물에 칠해진 색을 보면 붉은색과 푸른색이 가장 도드라진다. 눈에 보이는 포인트를 잡은, 참 소박한 명칭이다. 그런데 언뜻 봐도 이 단청이 모두 같은 게 아니다. 나름의 위계가 있는 것이다.

우리가 찾아볼 수 있는 단청 중 가장 단순한 형태는 가칠단청假漆丹
靑이다. 가칠단청에서 가칠이란 겉면을 덧칠했다는 의미로, 세로기둥
은 검붉은 색, 가로기둥은 녹색을 칠하는 것을 말한다. 향교와 같은 곳

사찰의 금단청

에서 흔히 볼 수 있다. 이보다 한 급 높은 것이 긋기단청이다. 긋기단청은 세로 붉은 기둥은 놔두고 가로의 녹색 바탕에 단순한 선을 긋고 깔끔하게 장식하는 정도의 단청을 의미한다. 좀 더 위계가 높은 향교나 서원 등에 주로 사용된다. 또 향교나 서원 중에서도 특별히 공자의 위패를 모신 대성전에는 긋기단청의 가로 부재 두 끝을 모로단청이라는 화려함을 가미해서 완성하기도 한다. 모로단청에서 모로는 머리라는 의미다. 그러므로 모로단청을 머리단청이라고 할 수 있는데, 두 끝에만 단청을 하기 때문이다. 긋기단청에 모로단청을 사용하는 가장 대표적인 경우는 조선의 왕궁이다. 그런데 단청에는 모로단청보다도 훨씬 더 화려한 금단청이라는 것이 있다. 금단청은 양 머리의 모로단청 사이를 화려한 비단자수를 놓듯이 빼곡하게 채우는 것을 말한다. 그래서 '비단 금錦' 자를 써서 금단청이라고 하는 것이다. 그런데 이러한 금단청은 조선 시대에는 유일하게 사찰에서만 사용되었다. 조선의 임금이 넘볼 수 없는 위엄이 조선의 사찰에 있었던 것이다.

금단청과 더불어 또 한 가지 조선의 임금과 비교될 수 없는 것이 있는데 바로 황색 의복 사용이다. 황색은 천자天子의 색으로 제후는 고사하고 황제의 동생조차도 사용할 수 없었다. 조선은 중국의 제후국을 표방했기 때문에 임금은 붉은색의 제후복을 입게 된다. 물론 조선에서도 고종과 같이 대한제국을 선포하고 건원칭제建元稱帝한 경우는 황색 복장을 사용했다. 이렇게 본다면 조선의 임금 중에는 유일하게 고종과 순종만이 부처님과의 차이를 좁힌 인물이라고 하겠다.

14.

법당에는
용이 산다

법당 안팎의
용 장식

파주 보광사 대웅보전

1999년 유네스코는 중국 산둥성山東省 취부[曲阜]의 공자 유적을 세계문화유산으로 지정했다. 이곳에는 공자 고택과 공림(孔林, 공자의 무덤과 공씨 집안 가족묘), 그리고 사당인 공묘孔廟가 있다. 이 셋을 줄여 흔히 삼공三孔이라고 한다.

　　중국에 강건성세康乾盛世를 열었던 청나라의 강희제는 친히 이곳을 방문했다. 그런데 공자 무덤에 가서 절을 하려고 보니, 비석 말미에 '문선왕文宣王'이라는 글자가 보였다. 황제인 강희제는 왕인 공자에게 절한다는 것이 탐탁지 않았다. 그래서 무덤 앞의 제물을 차리는 상석을 높여 임금 왕王 자의 밑부분이 보이지 않도록 했다. '왕王' 자가 '간干' 자가 된 것이다. 그제야 강희제는 그곳에 절을 했다.

대웅전 외부의 용 장식

산둥성 취부의 간干 자

강건성세의 또 다른 주역인 건륭제 역시 아홉 번이나 취부를 찾았다고 한다. 그런데 건륭제가 방문했을 때는 사당인 공묘가 문제였다. 공묘는 가로 54미터, 세로 34미터 그리고 높이 32미터에 이르는 장중한 건축물이다. 자금성의 정전인 태화전[金棄殿]과 비견될 정도다. 문제는 단순히 건물의 크기가 아니었다. 이를 받치고 있는 28개의 돌기둥 중 전면에 있는 10개에 자금성보다도 더 화려하게 휘감은 쌍용이 조각되어 있었기 때문이다. 쌍룡은 황제만의 상징이다. 그래서 건륭제가 방문할 때는 매번 붉은 천으로 기둥을 가렸다고 한다.

대웅전에 서린 용의 상징과 의미

사찰에는 용이 너무도 많다. 굳이 대웅전까지 가지 않더라도 누각에 걸린 법고法鼓에도 황룡과 청룡, 쌍룡이 그려져 있다. 대웅전 바깥쪽이 이럴진대 대웅전이야 오죽하겠는가. 농담으로 용이 다 살아 있다면, 비린내 때문에 법당에서 예불 보기가 힘들 거라고 할 정도이다.

대웅전의 용은 바깥의 세로기둥에는 그려지지 않고 건물 안쪽의 세로기둥에만 그려진다. 보통 좌우대칭의 쌍룡이 승천하는 모습이다. 물론 수행을 통해서 깨달음을 증득한 부처님과 이를 닮아 가려는 스님들의 기상을 상징한다.

대웅전 바깥쪽까지 용이 보이는 경우는 모두 대들보와 관련 있는 가로기둥이다. 이는 승천하는 용보다는 하늘을 나는 용을 상징한다. 『주역』〈건괘〉 9·5효에는 "나는 용이 하늘에 있으니 대인을 보는 것이

이롭다(飛龍在天利見大人)."는 내용이 있다. 이것을 흔히 '군주의 괘'라고 하며 여기에서 유래한 것이 바로 세종의 〈용비어천가〉다. 하늘을 나는 용은 모든 일의 형통과 이를 통한 성취를 의미한다. 이렇게 본다면, 대웅전을 멀리서 보고 들어오는 것만으로도 황제의 공덕이 성취된다고 하겠다.

대웅전에는 나는 용들이 아주 빼곡하게 박혀 있다. 보통은 바깥쪽 기둥 끝에 머리를 내밀고 있는데 어떤 곳에는 꼬리만 나와 있는 경우도 있다. 이는 전각 안에 대들보로 연결된 하나의 긴 용이 서려 있다는 것을 의미한다. 용이 넘실대는 용의 궁전, 이곳이 바로 조선의 임금은 둘째치고 황제도 감히 따라오지 못하는 부처님의 위엄이다. 그렇다면, 용과 관련해서 공자는 부처님보다 한 수 아래라고 하겠다.

용인가, 이무기인가?

동아시아의 용은 엄밀하게 말한다면 용이 아닌 이무기다. 용과 이무기를 가르는 기준은 여의주를 획득했는가이다. 중국 문화에서는 여의주를 물고 있는 용보다는 여의주를 막 취하기 직전의 용을 선호한다. 발전과 변화의 기상을 잃지 말라는, 치밀하게 계산된 의도다. 여하튼 눈앞에 있더라도 아직 여의주를 물지 못했으니 이무기일 뿐이다.

『주역』 마지막 64번째 괘는 〈화수미제火水未濟〉이다. 여기서 미제란 아직 완료되지 않은, 즉 가능성을 의미한다. 변화인 셈이다. 『주역』「계사전」에는 "궁즉변窮卽變 변즉통變卽通 통즉구通卽久(궁하면 변하고 변하면 통하며 통하면 오래간다)."는 유명한 구절이 있다. 이를 축약해서 흔히 '궁즉통' 혹은 '궁통'이라 하기도 한다. 그런데 이 또한 완성이 아닌 변화를 찬미하는 것이다. 또 『노자』 제45장에는 "대성약결大成若缺 기용불폐其用不弊, 대영약충大盈若沖 기용불궁其用不窮, 대직약굴大直若屈 대교약졸大巧若拙 대

여수 흥국사 대웅전 앞 괘불대에 새겨진 용

변약눌大辯若訥(크게 이루어진 것은 이지러진 것 같아도 그 쓰임에는 어그러짐이 없다. 크게 가득한 것은 빈 것 같으나 그 사용에는 다함이 없다. 크게 곧은 것은 굽은 것 같고 크게 교묘한 것은 졸렬한 것 같으며 큰 변재는 어눌한 것 같다.)"이라는 구절이 있다. 이 역시 완전을 향한 결핍을 말하는 것이다. 또 제66장에서는 "바다가 능히 모든 골짜기의 왕이 되는 것은 낮추는 것을 잘하기 때문이다(江海所以能爲百谷王者, 以其善下之)."라고 하여 겸손의 덕을 칭찬하고 있다. 바로 이와 같은 연장선에 용에게 여의주를 물려 주지 않는 결핍의 생동력 있는 미감이 존재한다. 그러므로 이무기야말로 중국 철학이 온축된 용에 대한 가장 온당한 표현이라 하겠다. 또한 여의주를 물고 나타나는 소수의 용들은, 중국 문화적인 '결핍의 완성'이라는 인식에 미치지 못한다고 하겠다.

대웅전은 동물의 왕국

우리의 미감에는 〈까치호랑이〉❋ 그림처럼 두려운 대상을 친근하게 표현하려는 해학의 미학이 있다. 이런 점에서 사찰의 용은 근엄하기만 한 왕궁의 용과는 다르다. 불국사 대웅전의 용은 이러한 우리의 해학을 잘 표현하고 있다.

불국사 대웅전 바깥쪽의 용들은 여의주를 가지고 있는 것과 여의주를 코 위에 올려놓고 있는 것, 물고기를 가로로 물고 있는 것과 삼키는 건지 토해 내는 건지 헷갈리는 모습 등 실로 다양한 모습을 하고 있다. 또 황룡과 같은 경우는 코끼리 코와 같은 모습으로 묘사되어 있는데, 이는 용상龍象을 의미한다. 그런데 경전을 보면, 그리스·로마

❋ 까치호랑이
소나무 위의 까치와 호랑이를 함께 그리는 그림으로 원래는 중국의 영향으로 표범이 그려졌던 것이 우리식으로 호랑이로 바뀌게 된다. 정초에 집에 붙여 두면 모든 액난이 침범하지 못한다는 속설 때문에 조선 후기에 널리 유행하였다.

신화의 제우스에 비견되는 제석천이 타는 동물인 용상이란, 실은 용이 아니라 용의 위신력을 가진 코끼리다. 아마도 조각하는 이는 이것을 잘 몰랐던 것 같다.

또 대웅전 안에도 용은 물론이거니와 멧돼지를 닮은 여섯 개의 상아를 가진 흰 코끼리(六牙白象)❀가 대들보에 매달려 있는 듯 튀어나와 있다. 여섯 상아의 흰 코끼리는 마야 부인의 태몽에도 등장하는 코끼리의 왕이다. 또 흰 코끼리 맞은편에는 목조각으로는 아주 귀엽게 생긴 푸르뎅뎅한 사자가 곰 인형과 같은 얼굴을 드리우고 있다. 흰 코끼리와 청사자가 상응해서 나타날 경우 이는 보현보살과 문수보살을 상징한다.

불국사 대웅전 밖 용

불국사 대웅전 안 사자

불국사 대웅전 안 코끼리
코끼리의 우측에 파랑새도 보인다.

　불국사 대웅전 안의 압권은 뭐니뭐니해도 업경대를 등에 이고 있
는 해태이다. 업경대는 저승에서 염라대왕이 생전의 선악 행위를 심
판할 때 비추어 본다는 거울이다. 해태는 선악을 분별할 줄 아는 신령
한 동물로 알려져 있다. 그래서 업경대를 등에 지고 있는 것이다. 서
울의 마스코트는 해치인데, 이는 해태의 다른 표현이다. 불국사 대웅
전은, 그야말로 온갖 상서로운 동물들이 운집해 있는 성전인 셈이다.

15.

법당은 꽃으로 장엄된
궁전이다

사찰의
연꽃과 모란

부처님의 광배를 장식할 때 자주 보게 되는 문양은 넝쿨무늬다. 그 속에는 꽃과 봉오리가 묘사되는데, 이를 보상화문寶相華紋과 인동문忍冬紋, 당초문唐草紋이라고 한다.

　　사찰에 꽃을 장엄할 때는 만개한 꽃을 그리거나 새길 때도 있지만, 아직 피지 않은 꽃망울을 그리거나 새길 때도 있다. 만개한 꽃을 표현할 때는 '완성'이라는 의미를, 봉우리를 나타낼 때는 '가능성'이나 '인욕'의 의미를 상징한다.

사찰의 꽃 장식
연꽃, 모란, 국화

꽃으로 장엄된 궁전

사찰에는 많은 꽃 장식이 있다. 대웅전을 둘러볼 때 가장 먼저 눈에 띄는 것은 꽃창이다. 꽃창살은 왕궁과 사찰에만 허용되던 최고 권위의 표현 중 하나이다. 아랫부분 판벽에 화병에 담긴 형태로 꽃이 조각되어 있는 경우도 있다. 또 대웅전을 지탱해 주는 기단의 화강암 판에도 꽃이 새겨져 있으며, 기단 위 바닥 전돌에 연꽃 등이 새겨지는 경우도 있다. 이밖에 대웅전 외각의 벽화에도 꽃이 등장하며, 기와의 막새에도 연꽃이 새겨져 있다. 무심히 지나치는 경우가 많지만 서까래의 목재 끝에는 매화점이라고 하는, 꽃술을 상징하는 다이아몬드 모양의 흰 점이 일곱 개 찍혀 있는 경우도 있다.

외부만이 아니다. 대웅전 내부로 들어가면, 천장에 학과 더불어 꽃이 꽃창처럼 활짝 피어 있다. 물론 차이는 있다. 꽃창에는 창살의 교

경주 남산 보리사 석불좌상
부처님의 광배에는 보통 넝쿨
무늬가 장식된다.

차점에 꽃이 입체로 조각되어 있지만, 천장 꽃은 우물 정井 자 사이에 그려진 평면 그림이라는 것이다. 또 불단인 수미단에도 꽃 장식이 부조되어 있고, 단 위에도 부처님께 공양 올리는 꽃과 화병이 있다. 주변 벽을 보면 나무와 나무의 중간 포벽에 또한 여러 꽃나무나 화병 장식이 들어간다.

그리고 대웅전 중앙의 불상을 보게 되면, 부처님은 활짝 핀 연꽃 광배와 그 주변의 화려한 넝쿨무늬를 배경으로 연꽃이 활짝 핀 연화좌대 위에 앉아 계신다. 그 뒤쪽의 불화에서도 불상에서와 같은 양상이 반복되어 나타나는데 불화 속에는 연꽃을 든 보살까지 존재한다. 그렇다면 부처님이 계시는 전각은 전체가 '꽃의 궁전'인 셈이다.

한국불교의 철학 체계에서 가장 폭넓은 영향을 미친 것은 화엄사상이다. 여기에서 화엄이란 '잡화엄식雜花嚴飾', 즉 모든 꽃으로 장엄된 세계라는 의미이다. 사찰은 그 자체로 이미 화엄세계라고 이를 만하다.

연꽃 아니면 모란

사찰이라는 비밀의 화원에는 꽃이 많으니 종류도 많을 것이라고 생각하기 쉽다. 그러나 막상 종류는 그리 다양하지 않다. 주류는 불교를 상징하는 연꽃과 부귀를 상징하는 모란의 양강 구도이다.

연꽃은 불교의 이동경로를 따라 인도에서 이 땅에 전래됐다. 중국 성리학의 비조鼻祖인 북송의 주돈이는 연꽃을 일러 화중군자花中君子라 했다. 군자로 부를 만한 품격 있는 꽃이라는 뜻이다. 연꽃은 사치스럽지 않은 자태와 진흙이라는 낮은 곳에 임하는 겸손의 덕, 그리고 강하지 않고 은은한 향을 통해서 중국인의 심성을 사로잡게 된다.

그래서 우리나라에서도 사찰뿐 아니라 궁궐, 서원 등에서 가리지 않고 사랑받았다. 땅을 파거나 흐르는 물을 막아 물을 가두어 놓은 '못'을 '연못'으로 부르는 경우가 일반화됐을 정도이다. 연꽃을 알아보는 방법은 매우 간단하다. 전후좌우 동형의 꽃을 찾으면 된다. 특히 연꽃은 중앙에 독특한 연밥을 가지고 있기 때문에, 이런 게 눈에 띄면 연꽃이라고 생각하면 된다.

모란은 제국 당나라의 미감을 대표하는 부귀와 풍요의 꽃이다. 오늘날 모란은 장미와 같이 뚜렷하고 강력한 꽃에 의해 주류에서 밀려나 있다. 그러나 중국사에서 아주 유명한 미녀가 글래머인, 당의 양귀비라는 점을 고려하면, 모란이 왜 인기가 있었는지 짐작이 갈 것이다. 요즘은 살집이 있고 풍만한 체형이 인기가 없지만, 못 먹고 못 살던 과거에는 이런 체형이야말로 가장 이상적인 모습이었다. 이와 같은 인식 때문에 불상도 우리가 보기엔 비만인 것이다.

모란을 일컫는 다른 말은 화중지왕花中之王이다. 모든 꽃이 그 앞에서 머리를 조아린다 하여 이런 이름이 붙었다고 한다. 국색천향國色天香이라고도 했다. 나라의 최고 미녀요, 가장 빼어난 향기를 자랑한다는 뜻이다. 이런 연유로 모란은 사찰 안으로까지 들어왔다. 물론 연꽃의 지위를 넘지는 못했다. 8대 2 정도로 연꽃이 훨씬 많다. 그래도 사찰에서 발견하는 꽃문양은 연꽃이 아니라면 십중팔구 모란임에 틀림없다.

사찰의 장식에서 연꽃이 위에서 보는 정면으로 표현되는 데 비해,

모란은 주로 측면으로 새겨지거나 그려진다. 또한 연꽃은 정면으로 보는 구조상 여럿이 섞여서 묘사되지 못하고 단독으로 혹은 병렬되어 표현되는 경우가 많지만, 모란은 측면으로 표현되기 때문에 군집을 이루는 모습으로 흔히 묘사된다. 물론 이러한 법칙은 대개가 그렇다는 것이지 예외가 없지 않다. 그러므로 연밥의 유무를 통해서 이 둘을 구별하는 게 더 확실하다.

이외에 간혹 살펴지는 꽃으로는 국화가 있다. 이는 유교를 숭상했던 조선의 영향임이 분명하다. 국화는 매화·난초·대나무와 더불어 사군자로 불린다. 하지만 매화와 난초는 꽃을 묘사하기 어렵다. 그러므로 사찰 장식에는 국화만 수용된다. 국화는 꽃잎이 굵은 바늘침 모양이므로 구별하는 것이 어렵지 않으며 꽃병에 꽂혀 묘사되는 것이 일반적이다.

16.

전각의 기둥에도
위계가 있다

절의 기둥과
주춧돌

불국사 비로전

불보살을 모신 건물에는 둥근기둥을 사용하고 스님들의 거주처인 요사채와 공양간 등은 네모기둥을 많이 사용한다. 동아시아 건축에서는 네모난 것보다는 둥근 것이 훨씬 높은 가치를 갖는다고 보았다. 이렇게 사찰 건축에는 건물 하나하나에도 위계를 설정해 놓았다.

『여씨춘추』라는 책이 있다. 중국 진秦나라의 재상 여불위(呂不韋, ?~기원전 235)가 여러 학설과 사실史實·설화를 모아 편찬한 책이다. 이 책에 펼쳐진 우주론이 바로 천원지방설天圓地方說이다. 내용인즉, 하늘은 둥글고 땅은 네모나다는 것이다. 여기에 『주역』 등에서 발견되는 천존지비天尊地卑사상이 결합되면서 네모난 것보다는 둥근 것이 훨씬 가치가 높은 것으로 평가됐다. 이런 사상은 동아시아 전역에 뿌리 깊이 자리 잡았고 실제 일상에도 많은 영향을 미쳤다. 둥근 원에 네모난 구멍을 뚫은 엽전만 해도 바로 이런 사상의 반영이다.

이런 연유로 궁궐에서도 위계가 높은 정전正殿❀에는 둥근기둥, 그보다 위계가 낮은 편전便殿❀에는 네모기둥을 사용했고(창경궁), 사찰에서도 불보살을 모신 건물에는 둥근기둥을 사용하고 스님들의 거주처인 요사채 같은 곳에는 네모기둥을 사용하곤 했다. 물론 궁궐이나 사찰마다 여러 예외가 있기는 하다. 또 향교나 서원은 의외로 네모기둥을 사용하는 경우가 많다. 향교나 서원에서 네모기둥을 사용한 이유는 네모기둥이 성리학에서 추구하는 방정함이 보다 분명하게 드러난다고 생각했기 때문이다.

5각 기둥도 있다

한옥 건축에서는 둥근기둥이나 네모기둥 외에도 팔각기둥이 종종 사용된다. 사각에 목재를 먹줄로 재단해서 네 모서리를 잘라 내면 팔각이 된다. 팔각기둥은 둥근기둥과는 또 다른 멋이 있는데 전통적으

창덕궁의 정전인 인정전
둥근기둥으로 되어 있다.

창경궁 숭문당
신하들과 정사와 학문을 논하던 곳. 네모기둥으로 되어 있다.

로 팔각은 원형과 유사한 것으로 여겨져 왔다. 통일신라 시대 팔각형 누각식의 부도를 팔각원당형八角圓堂形 부도라고 하는데, 여기서 팔각원당이란 '팔각으로 원형과 유사한'이라는 의미이다. 팔각과 원형을 같은 범주로 보고 있는 것이다. 그러므로 팔각기둥의 위계는 둥근기둥에 상응한다고 하겠다.

한옥 건축에서 나타나는 가장 특이한 기둥은 오각기둥이다. 오각형 기둥이 어떻게 사용될 수 있느냐고 의아해하시는 분들이 있으리라. 통일신라 시대의 팔각원당형 부도가 그렇다. 팔각형 건축의 모서리 외부에서 살펴지는 기둥의 모서리는 두 개이다. 그런데 이를 추정해서 전체 기둥 각을 추산해 보면 그것이 놀랍게도 오각형이라는 것을 알게 된다. 사각형이나 팔각형은 먹줄과 톱만 있으면 쉽게 만들어 낼 수 있다. 하지만 오각형 기둥은 재단부터 단순하지가 않다. 그래서 오각형 기둥을 사용한 건물은 당연히 위계가 높게 된다.

하늘에 떠 있는 사찰

한옥 건축의 특징 중 하나는 주춧돌 위에 기둥을 그대로 얹어 놓았다는 것이다. 맨 처음에는 기둥을 땅바닥에 심는 방식을 택했다. 그러

원주 흥법사지 염거화상탑(통일신라 시대)
면과 면이 만나는 지점에 각이 있어(동그라미 부분) 기둥의 전체 모습을 추론해 보면 5각이 됨을 알 수 있다.

나 이러면 습기로 인한 목재 부식이 심해 관리에 어려움이 있다. 그래서 다음에는 땅 위에 기둥을 세우는 방식을 썼다가 마지막에는 돌 위에 기둥을 세우는 방식으로 발전한다.

한옥은 주춧돌과 기둥을 직접 연결하는 장치가 전혀 없다. 이런 점에서 한옥은 허공에 떠 있는 집이다. 한옥 처마 모퉁이 추녀의 날아갈 듯한 소매선(한복의 팔소매와 같다는 뜻에서 붙은 이름)에 새벽의 안개까지 더해지면, 말 그대로 사찰은 천상의 궁전과 같은 신비로운 모습을 띤다. 한옥을 지을 때는 기둥을 땅과 같은 곳에 붙박아서 고정시키지 않기 때문에 건축의 안정성이 떨어질 수밖에 없다. 이 문제를 해결하기 위해서 한옥은 모든 목재를 서로 짜 맞추는 결구 방식을 택한다. 그렇게 함으로 한옥은 주춧돌 위에 얹혀서도 놀라운 안정성을 확보하게 되는 것이다.

주춧돌 위에 그대로 올라서 있는 기둥

사찰의 비밀

목재와 목재를 짜 맞출 때는 쇠못을 사용하면 안 된다. 목재는 죽어 있는 나무라도 생물이기 때문에 기후와 습도에 의해 끊임없이 팽창과 수축을 반복하는 데 반해 쇠못은 변동하지 않기 때문이다. 이런 경우 쇠못을 박은 부위에 균열이 생기면서 안전에 문제가 발생한다. 그러므로 번거롭더라도 목재를 복잡하게 다듬어서 끼워 넣는 방식을 취하게 된다. 즉 한옥의 결구 방식은 주춧돌 위에 기둥이 올라가는 불안정성을 극복하는 조상들의 해법이었던 것이다.

기둥의 각은 주춧돌에도 그대로 적용된다. 즉 둥근기둥에는 둥근 주춧돌이 사용되고 네모기둥에는 네모난 주춧돌이 사용된다. 그러므로 주춧돌이 재활용되었는지를 알고 싶으면 이것이 쌍을 이루고 있는지를 확인하면 된다. 건축물에서 목재로 된 부분은 화재 등으로 바뀌어도 주춧돌은 질료의 특성상 재활용되는 경우가 많으므로 이를 확인해 보는 것도 재미있다. 실제로 경주와 같은 천년고도의 유적에서는 이런 경우들이 심심찮게 발견된다.

또 주춧돌을 다듬을 때는 목재 기둥이 닿는 부분은 한 단 올려서 튀어나오게 한다. 이는 돌에 스민 빗물의 침투를 최소화하고, 바람 등에 의해 기둥에 묻는 물기가 주춧돌에 고이지 않고 바로바로 빠지게 하기 위함이다. 그런데 이 부분은 보통 목재보다 조금 크게 만든다. 그러므로 이를 보게 되면 주춧돌 하나만으로도 기둥의 굵기를 파악해 볼 수 있고, 전체 건축물의 대략적인 크기까지도 추정해 볼 수 있다. 폐사지 등에서 무심코 지나치는 주춧돌도 제법 많은 말을 하고 있는 것이다.

자연석을 이용한 주춧돌

주춧돌을 사용할 때 화강암을 반듯하게 다듬어서 사용하는 경우는 건물의 위상이 높다는 것을 의미한다. 그런데 기계가 발달하지 않은 과거에는 돌을 다듬는 일이 나무 다듬는 일에 비해 훨씬 품이 많이 들었다. 그러므로 일반 건물을 짓거나 사찰의 경제력이 약할 때에는 자연석을 그대로 주춧돌로 사용해서 그 위에 기둥을 세우는 방식을 택했다. 이런 주춧돌을 덤벙주초라고 하는데, 이름이 무척이나 소박하고 운치 있다.

그런데 이럴 경우, 자연석의 윗면이 울퉁불퉁하기 때문에 톱질로 반듯하게 처리해 놓은 기둥과 맞지 않는 문제가 발생한다. 즉 다듬은 주춧돌을 사용할 때는 문제가 없지만, 자연석을 사용할 경우에는 새로운 문제가 발생하는 것이다. 이 문제를 해소하는 방법이 기둥을 자연석의 모양대로 그대로 깎아서 올리는 방법이다. 하지만 이게 말이 쉽지 주춧돌과 기둥의 엄청난 무게를 고려하면 그리 간단한 일이 아니다. 그래서 고안해 낸 것이 바로 그랭이질이다.

그랭이질을 하는 방법은 이렇다. 자연석 위에 기둥을 임시로 세워서 쓰러지지 않게 한 후, 컴퍼스와 같은 선 긋는 도구를 이용해서 자연석의 모양대로 기둥 아래를 둘러서 표시한다. 그러고는 기둥을 눕혀서 선 모양대로 긁어낸다. 이렇게 긁어낸다고 해서 그랭이질이라고 하는 것이다. 이때 기둥의 중심 안쪽은 더 오목하게 파야 한다. 그리고 기둥을 세우면 기둥과 지붕의 무게에 의해 기둥 끝부분이 눌러 앉으면서 아래위가 절묘하게 들어맞게 된다. 이렇게 맞으면 다듬은 주춧돌 위에 기둥을 세웠을 때보다 안정감이 오히려 높아진다.

　돌의 모양을 따라서 나무를 다듬어 얹는다는 것은, 미학적인 관점에서도 최고의 자연스러운 미감이다. 자연을 존중하는 조화의 미인 셈이다. 이를 한국 건축의 백미 중 하나라고 해도 누구도 뭐라고 할 수 없을 정도이다. 실제로 이와 같은 발상으로 건축에 도전하는 것은 한국 건축에서만 확인되는 특징이다. 그러나 그 발견이 좀 싸게 먹으려는 것에서 출발했다는 점에서, 왠지 좀 개운치 않은 점은 있다.

　덤벙주초에 그랭이질을 한 기둥을 마지막으로 세울 때는 기둥 아래에 소금을 넣는다. 이는 기둥의 부식을 방지하기 위한 조치다. 목재는 특성상 측면보다는 위와 아래의 단면이 습기를 빨아들이기 쉽다. 그러나 위쪽은 지붕으로 덮이기 때문에 빗물이 들어오지 않지만, 아래쪽은 처마를 많이 빼도 바람에 휘말려서 들어오는 빗방울을 완전히 차단할 수 없다. 그렇기 때문에 최대한 부식을 막기 위한 방법으로 소금이 사용되는 것이다. 이 소금은 불에 취약한 목조 건축물을 화재로부터 지켜 내는 벽사(辟邪, 삿됨을 물리치는 일)의 역할도 한다. 소금이 불귀신을 막는다는 생각은, 소금을 바닷물의 결정으로 보기 때문이다. 즉 기둥 밑의 소금에는 방부재와 화재 예방이라는 두 가지 기능이 있는 셈이다. 마지막으로, 기둥을 세우고 건물이 완성되면 이제 기둥에는 붉은 칠을 해서 나무가 썩거나 벌레가 먹는 것을 예방하고 또 삿된 기운이 침범하지 못하도록 한다. 사찰 건축에는 당시로서는 최고의 이중 삼중 안전장치들이 존재하고 있었던 것이다.

17.

시대의 미감, 건물의
지붕에서도 읽을 수 있다

지붕의 모양과 공포로
살펴본 전각

무위사 극락보전

우리나라에 남아 있는 고려 시대 건축물은 모두 여덟 채다. 남한부터 살펴보면 충남 예산 수덕사 대웅전(국보 제49호), 경북 안동 봉정사 극락전(국보 제15호), 경북 영주 부석사 무량수전(국보 제18호)과 조사당(국보 제19호), 경북 영천 은해사 거조암 영산전(국보 제14호), 강원도 강릉 객사문(국보 제51호) 등 여섯이 있고, 북한에는 황해도의 성불사成佛寺 응진전應眞殿과 심원사心源寺 보광전寶光殿의 두 곳이 있다. 이 중 강릉의 객사문은 고려 시대 관아 겸 호텔 역할을 하던 임영관臨瀛館에 있던 문으로, 객사는 없고 객사에 딸려 있던 문만 남은 것이다. 이렇게 보면 현재 남아 있는 고려 시대 건물은 모두 사찰 안에 있던 전각이다.

그런데 왜 유독 불교 건물만 남아 있을까? 고려 중기부터 만만치 않은 세력을 형성하며, 국가의 지원까지 받아서 건설된 향교는 하나도 남아 있지 않은데 말이다. 특히 유교가 강력한 통치 이데올로기였던 조선 500년을 거쳤는데도 향교 건물은 남아 있지 않고 사찰 건물만 남은 것이다.

가장 큰 이유로 조선 시대 유교와 불교의 경제력 차이를 들 수 있다. 조선 시대의 지배 이데올로기였던 유교는 오래된 건물을 유지하기보다는 새 건물을 짓고 확장하는 데 진력했다(예전에는 '문화재'라는 인식이 없었기 때문에 오래된 것은 그냥 '낡은 것'이었을 뿐이다). 역으로 사찰은 궁핍한 경제력 때문에 새로 건설하기보다는 '보존'에 주력했을 것이다. 물론 이런 가정에는 처음 건축할 때 잘 지어졌기 때문이라는 단서가 붙어야 한다. 물론 보존조차 어려웠다면 폐사가 되었을 것이라는 가정도 덧붙여야 한다.

또 현재 남아 있는 건물을 '고려를 대표하는 최고의 건물'로 생각해서는 안 된다. 진짜 좋은 건물은 모두 수도인 개경에 있었고 일부는 조선 초기 한양으로 수도를 옮기면서 뜯겨 옮겨졌다. 그러므로 현재 남아 있는 고려 시대의 건물을 통해 우리는 당시 건축물의 특징을 알 수는 있지만 이것이 최고라는 생각은 접어야 한다. '변방'이라는 조건과 넉넉지 않은 사찰 경제력을 염두에 두고, 현재 남아 있는 고려 시대 건축물과 조선 시대 건축물을 비교해야 한다.

공포 _ 주심포 / 다포

고려의 자기瓷器를 대표하는 청자와 조선의 자기를 대표하는 백자를 보면, 두 시기의 미감에 상당한 차이가 있었다는 것을 알 수 있다. 청자가 화려함을 다툰다면 백자는 단정함을 추구한다. 이민족의 지배를 거치지 않았음에도 이와 같은 큰 변화가 있었다는 건 매우 이례적이다.

하지만 건축의 경우는 화려함과 단정함의 면에서 정반대이다. 고

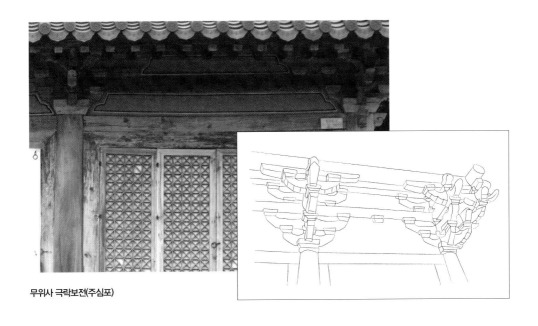

무위사 극락보전(주심포)

통도사 극락전(다포)

려 건축과 조선 건축의 가장 큰 차이는 처마 아래로 튀어나온 목재의 구조에서 찾을 수 있다. 한옥은 지붕에 얹는 기와와 흙 등 부재의 무게가 평당 1톤가량 된다. 그러다 보니 지붕의 무게를 어떻게 분산시키면서 세로로 설치된 기둥에 효율적으로 전달하느냐가 큰 문제가 아닐 수 없다. 이 역할을 하는 것이 바로 공포拱包이다. 그런데 공포는 밖으로 노출되기 때문에 '장식'으로의 역할도 고려되어야 한다.

고려의 공포는 기둥 위에만 간략한 방식으로 설치한다. 이를 주심포라고 한다. 덕분에 고려 건축은 깔끔하고 침착한 느낌을 준다. 반면 조선의 건축은 공포를 화려하고 복잡하게, 또 기둥 위뿐만이 아니라 기둥과 기둥 사이에도 설치한다. 이를 다포라고 하는데, 포가 많다는 의미다. 이렇게 되면 외관이 훨씬 화려하게 보이는 동시에 건물의 머리가 다소 무거워 보인다. 또 건축의 면에서는, 기둥에 걸리는 무게가 증대되기 때문에 일차적으로는 이를 효율적으로 분산하면서 건물의 안전을 확보해야 하는 더 높은 기술이 필요하게 된다.

물론 이 둘의 차이를 두고 조선의 건축 기술이 고려보다 뛰어났다고 말할 수 있을지는 의문이다. 되돌아가 보면 신라 시대에 이미 황룡사 9층목탑을 건립할 정도로 발달한 건축술이 있었고, 『고려사』 권53에 "정종定宗 2년(947) 10월에 서경 중흥사重興寺 구층탑에 화재가 있었다."는 기록이 있는 것으로 보아 고려도 9층목탑(석탑이라면 당연히 화재가 나지는 않았을 것이다.)을 건립할 수 있는 기술력이 있었던 것이다. 그러므로 고려 건축에서 조선 건축으로의 변화를 단순히 기술과 연관시키기보다는 미감의 변화로 이해하는 것이 더욱 타당하다.

지붕 _ 맞배 / 팔작 / 우진각

요즘 사람들은 아파트는 구별하는 눈은 있어도 한옥을 구별하는 눈은 없다. 이는 인간이 익숙한 것을 변별해 내는 능력을 가졌기 때문이다. 그런데 한옥 역시 조금만 관심을 기울이면 쉽게 차이를 알 수 있다. 그 대표적인 것이 바로 가장 눈에 잘 띄는 지붕이다.

한옥의 지붕은 크게 맞배지붕과 팔작지붕으로 나뉜다. 맞배지붕은 옆에서 보면 두 사람이 배를 맞댄 것 같다고 해서 붙은 이름이다. 그러다 보니 건물의 측면이 ∧ 자나 △로 보이게 되고 전면은 직사각형 모양으로 보이는 특징이 있다. 맞배지붕은 건축에 있어서는 단순하고 쉬운 구조이다. 이것이 발전한 고급형 건축이 다음에 나오는 팔

무위사 극락보전 정면(맞배지붕, 조선 시대)

숭례문(우진각지붕, 조선 시대)

무위사 극락보전 측면(맞배지붕, 조선 시대)

여수 흥국사 대웅전(팔작지붕, 조선 시대)

작지붕이다. 그러나 맞배지붕의 단순성은 건물에 권위와 위엄을 부여한다. 이런 면에서 일부러 팔작지붕을 피하고 맞배지붕을 취하는 경우도 있다. 실제로 사찰이 화려한 팔작지붕을 선호한다면, 유교의 향교나 서원은 맞배지붕을 선택하곤 한다. 이는 성리학이 단순·소박한 권위의 미감을 추구했기 때문이다.

팔작지붕은 지붕의 형태가 앞에서 보았을 때 한자 八 자처럼 생겼다고 해서 붙은 이름이다. 목조 건축물인 한옥에서 가장 문제가 되는 것은 불과 물이다. 불은 인위적인 것이라 단순히 '조심'해야 하는 부분이라면, 물은 비처럼 조심한다고 해결되는 문제가 아니다. 그러므로 물이 더 큰 문제가 된다. 맞배지붕의 경우 전후에는 처마가 길게 뻗어나가기 때문에 빗물에 의한 문제가 크지 않지만, 측면은 처마가 없기 때문에 상대적으로 취약할 수밖에 없다. 그래서 풍판이라고 하는, 바람과 비를 막는 판자를 대서 이를 극복하려고 한다. 그렇지만 이는 안정적인 방법이 아니며 또한 아름답지 않다. 그래서 양옆으로까지 처마를 한 번 더 뽑아내는 것이 바로 팔작지붕이다. 이렇게 해서 빗물의 문제와 미적인 문제가 동시에 해결된다. 그러나 이는 맞배지붕에 비해서 훨씬 더 복잡한 건축이며 그렇기 때문에 주로 고급 건물에 활용된다.

이외에 한옥에서 볼 수 있는 지붕으로는 우진각지붕이라는 것이 있다. 우진각은 네 모퉁이가 모두 각이 졌다는 의미인데, 언뜻 보면 팔작지붕과 유사하다. 그러나 팔작지붕이 전후를 중심으로 좌우를 한 번 더 벌린 것이라면 우진각지붕은 전후좌우가 모두 크게 다르지 않다. 우진각지붕은 숭례문처럼 모든 방향에서 볼 수 있는 시설물에 주로 사용된다. 그러므로 해인사 장경판전과 같은 특수 건물 외에는 사찰에서 보는 것이 쉽지 않다. 또 일부 학자들은 맞배지붕이 팔작지붕으로 넘어가는 과도기에 우진각지붕이 존재한다고 주장하지만 이는 맞는 말이 아니다. 그보다는 용도의 필요에 의해서, 중국 건축 요소가 수용된 것으로 보는 것이 더 타당하다. 왜냐하면 중국 건축에는 우진각지붕도 다수 살펴지기 때문이다. 우리 건축은 선을 중시하기 때문에 각진 모습의 우진각지붕을 선호하지 않고, 문루와 같이 필연성이 있는 부분에만 제한적으로 사용한 것으로 판단된다.

마지막으로 전후좌우가 같은 정방형의 4각형 정자의 지붕과 같은 것이 있다. 이를 네 모퉁이가 정상에서 마주친다는 의미에서 사모지붕이라고 한다. 이 지붕의 정상에는 지붕의 특성상 절병통이라는 장식이 올라가서 목탑의 꼭대기와 유사한 모습을 띠게 된다. 사찰에서는 물을 마실 수 있는 장소 등에서 찾아볼 수 있다. 8각형으로 된 것도 있는데, 구성이 좀 더 복잡해지는 면은 있지만 전체 구조는 마찬가지다.

또 사모지붕을 좌우로 늘리게 되면 우진각지붕이 되는데, 이는 우진각지붕이 맞배지붕에서 발전한 것이 아니라 정자 건축과 관련해서 발전되었을 개연성을 알려 준다. 사모지붕과 우진각지붕의 형태를 가장 잘 살필 수 있는 곳으로는 국립경주박물관이 있다. 이곳은 모든 건물이 이 두 가지 양식으로만 되어 있다.

다양한 지붕들(해인사)
사모지붕(오른쪽 아래), 팔작지붕(가운데), 맞배지붕(왼쪽 위)

18

구불구불 한자에는
무슨 뜻이 담겼을까

법당 기둥에 걸린
주련의 의미

통도사 대웅전 주련

사찰에 가면 대웅전 전면 세로기둥에 한문으로 흘려 쓴 멋진 글씨가 눈에 띈다. 하지만 한자를 쓰던 세대가 점점 사라지는 요즘인 데다 또 한자를 안다 하더라도 흘려 쓴 글씨를 읽기는 만만치 않다. 절에 살다 보면 나이 지긋하고 공부깨나 한 어른이 가끔씩 묘한 긴장감을 유지한 채 이곳에 서 있는 모습을 심심치 않게 보게 된다.

한옥의 주련

주련은 유교 문화

주련柱聯은 영련楹聯이라고도 부른다. 기둥이나 벽 따위에 장식으로 써서 붙이는 글귀를 이르는 말이다. 사찰 기둥에서는 보통 다섯 글자나 일곱 글자로 된 불교 시구詩句인 게송을 쓴다. 물론 기둥 수에 따라서 게송 두 개를 잇달아 쓰는 경우도 있고, 기존 게송을 변형해서 쓰는 경우도 있다.

그런데 사찰에서 흔히 만나는 이런 주련이 사실 불교문화는 아니다. 성리학자들은 스스로 경계하는 글을 써서 거처의 한쪽에 붙여 두고 자신을 바루었는데, 이것을 '잠箴'이라고 한다. 퇴계가 선조에게 올린 『성학십도』 중 〈제9 경재잠도敬齋箴圖〉와 〈제10 숙흥야매잠도夙興夜寐箴圖〉는 바로 주자와 퇴계의 잠을 그림으로 형상화한 것이다. 이런 문화가 건물의 기둥으로까지 확대된 것이 바로 주련이다. 주련에는 귀감이 되는 글이나 시 또는 덕담이나 복을 불러오는 문구를 사용한다. 잠이 자신을 경계하여 바르게 하는 것을 목적으로 한다면, 주련은 다른 사람에게까지 보여 주는 것이기 때문에 글귀도 그 범위가 넓어진다.

애초에 사찰은 주련을 사용하지 않았는데, 두 가지 이유를 들 수 있다. 첫째, 유교 건축이 네모기둥을 사용하는 것과 달리 사찰은 둥근 기둥을 사용하기 때문에 나무판 같은 것을 붙이기가 쉽지 않았다. 둘째, 사찰 기둥에는 벽사와 신성한 의미를 내포하는 붉은색이 칠해져 있다. 그러므로 그 위에 나무판과 같은 것을 덧대는 것은 맞지 않다. 왜냐하면 그럴 경우 사찰의 위계가 떨어지기 때문이다. 실제로 붉은 칠이 되어 있는 경복궁 등을 봐도 주련과 같은 것은 살펴지지 않는다.

사찰에 유교의 주련 문화가 언제 들어왔는지는 분명하지 않다. 그러나 현존하는 사찰 주련을 살펴볼 때, 가장 연대가 올라가는 것이 대원군의 글씨 정도라는 점에서 그리 오래된 문화는 아니라는 것을 알 수 있다. 실제로 일제강점기 때 촬영된 『조선고적도보』※ 권12의 〈조선 시대 불사건축〉에 수록되어 있는 사진을 보면, 사찰에 주련이 있는 경우가 생각보다 많지 않다. 다시 말하면 최근까지도 사찰에는 주련이 일반화되어 있지 않았던 것이다.

※ 조선고적도보朝鮮古蹟圖譜
일제강점기에 조선총독부의 후원으로 일본인 학자 세키노 다다시關野貞, 다니이 사이이치谷井濟一, 구리야마 슌이치栗山俊一 등이 1915~1935년까지 20년간에 걸쳐 낙랑시대부터 조선 시대까지 우리나라의 고적古蹟을 주로 하고, 각종 유물의 도판圖版을 모아 엮은 책이다. 모두 15권으로 되어 있다.

주련을 거는 방식

주련은 종이에 먹으로 글을 써서 붙이는 방식과 나무로 조각해서 거는 방식이 있다. 두 가지 방식은 단순히 제작의 쉽고 어려움 말고도 큰 차이가 있다. 우선 종이를 사용하는 경우에는 그때그때 상황에 따라서 기존의 주련 위에 덧붙일 수 있다. 언제든 문구를 붙이거나 뗄 수 있고 또 내용을 마음대로 바꿀 수 있다는 말이다. 하지만 나무로 제작할 경우 미적으로는 우수하지만 특별한 변화를 추구하지 않는 이상 변화를 주기 어려운 문제가 있다.

일반적인 양반가에서는 기둥 폭이 좁기 때문에 종이를 붙이는 방식을 선호했던 것으로 판단된다. 그러나 사찰에서는 종이로 덧붙이는 작업을 했다가는 기둥 폭의 크기로 인해서 글이 지저분해지는 문제가 발생하게 된다. 이는 종교시설에는 바람직하지 않다. 그래서 결국 나무로 조각하는 방식을 취한 것으로 판단된다. 실제『조선고적보도』의 사진들을 보면 종이로 붙인 주련도 존재한다. 이는 과도기적 측면이라고 하겠다.

유교와 불교를 막론하고 주련은 보통 아래위에 연꽃잎과 연꽃을 새기고 그 사이에 글귀를 적어서 판각한다. 상황에 따라서는 넝쿨무늬와 같은 것으로 장엄하기도 한다. 흥미로운 것은 유교의 주련은 밀타승蜜陀僧(Lead Oxide)✸✸을 바른 흰 바탕에 검은색이나 군청색으로 글씨를 쓰는 반면, 사찰의 주련은 검은 바탕에 글씨가 흰색이 되도록 한다는 것이다. 이와 같은 차이는 유교에서는 주련이 걸리는 바탕이 단청되지 않은 나무기둥인 데 반해 사찰의 기둥은 붉은 칠이 되어 있기 때

✸✸ 밀타승
페르시아 말인 murda–sang을 음차한 것으로 납을 가열해서 만드는 산화납을 의미한다. 독성과 냄새를 제거해주는 황백색의 물질이다.

문이다. 그러므로 색을 달리해서 전체적으로 튀지 않으면서 눈에 잘 띄게 한 것이다.

요즘은 거의 모든 사찰에 주련이 걸려 있다. 일부 사찰에서는 평면으로 주련을 만드는 것이 둥근기둥과 맞지 않는 것을 고려하여 아예 타원형의 주련을 만들어 걸어 놓고 있기까지 하다. 또 주련의 글씨에 금도금을 해서 화려함을 강조하기도 한다. 하지만 주련의 본래 목적이 좋은 글을 사람들에게 보여서 읽게 하기 위함이라는 점을 고려한다면, 지금과 같은 흘려 쓴 한문으로 된 주련은 맞지 않는 것 같다. 그래서 요즘은 봉선사처럼 한글로 주련을 한 경우도 늘어나고 있다. 하지만 이 또한 예스러움을 강조하는 사찰의 건축 양식과 썩 조화롭다고 볼 수만은 없다. 차라리 유교 문화에서 기인한 데다 오랜 역사를 지닌 것도 아닌 주련을 걷어 내는 것은 어떨까.

주련의 주요 내용

현재 사찰의 중요한 전각에는 모두 주련이 걸려 있다. 대부분 주련은 해당 전각과 관련된 내용을 쓰는 게 '원칙'이다. 대웅전 같은 경우는 석가모니불을 찬탄하는 것이 주된 내용이며, 관음전에는 관세음보살, 지장전에는 지장보살과 관련된 찬탄문을 건다고 보면 된다. 그리고 이때 게송들은 『불교의식집』에 나오는 것들이 주로 이용된다. 그런 이유로 대체로 익숙하고 유명한 게송들이 빈번하게 사용되는 모습을 보인다. 이는 주의 깊게 몇 가지만 살펴 두면 흘려 쓴 글자를 굳이 다

읽지 못하더라도 내용을 이해할 수 있다는 것을 의미한다. 사실 모든 사찰의 기념품이 비슷비슷한 것처럼, 서로 유사한 주련을 사용할 거라면 굳이 전국 사찰에 주련을 달 필요가 있는지 의심이 들기도 한다.

사찰의 중앙 전각 중 압도적인 다수를 차지하는 것은 대웅전이다. 그러므로 대웅전과 관련된 대표 주련을 몇 개 살펴보는 것은 주련의 내용과 의미를 파악하는 데 도움이 될 것이다.

· 동화사 대웅전 주련

천상천하무여불　天上天下無如佛
시방세계역무비　十方世界亦無比
세간소유아진견　世間所有我盡見

일체무유여불자　一切無有如佛者

신들의 세계나 인간계에 부처님 같은 분 없으니
전 우주에도 또한 비견될 존재 없다네.
이 세상에 있는 모든 것들을 내가 다 보아도
그 어디에도 부처님 같은 분은 다시없구나.

· 동학사 대웅전 주련 / 은해사 대웅전 주련

불신보변시방중　佛身普遍十方中
삼세여래일체동　三世如來一切同
광대원운항부진　廣大願雲恒不盡
왕양각해묘난궁　汪洋覺海妙難窮

부처님의 몸은 전 우주에 두루하여 언제나 항상하니
과거·현재·미래의 모든 부처님들 또한 동일하다네.
중생을 위한 광대한 서원 항상하여 다함이 없으니
그 다함없는 깨달음의 경계는 미묘하여 헤아릴 수 없다네.

· 용주사 대웅보전 주련

보화비진요망연　報化非眞了妄緣

법신청정광무변　　法身淸淨廣無邊
천강유수천강월　　千江有水千江月
만리무운만리천　　萬里無雲萬里天

보신과 화신은 진실이 아니어서 실체가 아니나니
법신만이 청정하여 광대한 것 다함이 없다네.
천 개의 강에 물이 있으면 달그림자도 천 개가 되는 것이며
만 리 하늘에 구름이 없으면 만 리가 그대로 하늘이 된다네.

부처님 사리를 모신 곳의 주련

　부처님의 진신사리를 모셔 와서 보궁 신앙을 확립한 분은 신라 선덕여왕 때의 자장 율사이다. 자장 율사는 부처님 탑을 찬탄하는 게송인 불탑게佛塔偈 지었다. 이것이 '통도사 대웅전 및 금강계단'의 뒤쪽 주련에 걸려 있다. 또 이 게송은 자장의 창건 사찰이자 오대산 중대 적멸보궁을 관리하는 본사인 월정사 적광전 주련에도 새겨져 있다.

　　· 통도사 대웅전 및 금강계단의 뒤쪽 주련 / 월정사 적광전 주련

만대윤왕삼계주　　萬代輪王三界主
쌍림시멸기천추　　雙林示滅幾千秋
진신사리금유재　　眞身舍利今猶在

보사군생예불휴　普使群生禮不休

영원한 진리의 왕이시자 모든 세계의 주인이여!

쿠시나가르에서의 열반 후 몇 천 년이런가?

그럼에도 진신사리가 이제 지금 여기에 있으니

널리 모든 중생들로 하여금 예배함을 쉬지 않게 하는구나.

월정사 적광전 주련

불교에서 진리는 '누구의 소유물도 아니다.
그렇기 때문에 '누구나' 노력에 의해 진리를 체득해 붓다가 될 수 있다.
석가모니 부처님도 진리를 체득한 분 중 한 명일 뿐이지, 진리가 곧 석가모니 부처님은 아니라는 말이다.
그래서 불교는 다양한 부처님을 인정한다.

4장

안에서 본
법당

19.

법당의 부처님은 왜
한 분이 아니고 여러 분일까

일불과 삼불,
칠불과 만불

조계사 대웅전
석가모니불을 중심으로 좌우에 각각 약사여래불과 아미타불을 모셨다.

셈족의 종교인 유대교·기독교·이슬람교는 절대성으로서의 신을 말한다. 하지만 불교에게 절대성의 지위는 부처님이 아닌 '법(Dharma, 진리)'에 있다. 즉 두 종교 사이에는 '신의 절대성'과 '진리의 절대성'이라는 차이가 있는 셈이다. 물론 셈족 종교에서도 진리는 존재한다. 그러나 이는 신의 의지에 의한 신 안의 진리이지, 진리 자체의 진리는 아니다.

불교는 진리를 우주의 법칙과 같은 범주로 이해한다. 이런 경향은 불교에만 있는 건 아니다. 유교와 도가 및 희랍철학 등도 진리를 우주의 법칙과 같은 범주로 이해한다. 그렇기 때문에 불교, 유교, 도가, 희랍철학에서는 노력해서 진리의 체득자가 되라고 말한다. 이러한 진리와 하나가 된 인간을 '성인'이라고 한다. 불교에서 사용하는 말은 '붓다'이다. 이 말을 다시 옮기면 각자覺者, 즉 깨달은 사람이다.

해남 미황사 대웅전 안 천불(부분)

'붓다'는 깨달은 사람을 가리키는 보통명사

불교에서 진리는 누구의 소유물도 아니다. 그렇기 때문에 '누구나' 노력에 의해 진리를 체득해 붓다가 될 수 있다. 석가모니 부처님도 진리를 체득한 분 중 한 명일 뿐이지, 진리가 곧 석가모니 부처님은 아니라는 말이다. 그래서 불교는 다양한 부처님을 인정한다.

동아시아 불교에서는 전통적으로 공자를 유동보살儒童菩薩이라 하고 노자를 가섭보살迦葉菩薩이라고 해 왔다. 이들은 붓다와 같은 완전한 진리의 체득자는 아니지만, 상당히 높은 진리의 체득자로서 보살이라는 것이다. 심지어 최근에는 '예수보살'이라는 말까지 등장하고 있을 정도다.

진리의 체득이라는 관점에서 본다면, 석가모니 부처님 이전의 과거에도 붓다가 있을 수 있고 또 미래에도 붓다가 존재할 수 있다. 이를 각각 '과거불'과 '미래불'이라고 한다. 즉 시간적인 붓다인 셈이다. 또한 동시에 공간적으로도 우주에는 우리의 지구 말고도 다른 많은 세계에 붓다가 되는 분들이 있을 수 있다. 이분들을 동남서북과 사유의 8방, 그리고 여기에 상하의 두 방위를 더해서 10방의 부처님들이라고 한다. 이를 줄여서 '시방불十方佛'이나 '타방불他方佛'이라고 하는데, 공간적인 부처님들이라고 이해하면 되겠다.

또 시간적인 부처님군과 공간적인 부처님군을 아울러 말할 때는, 시방과 과거·현재·미래의 삼세부처님이라고 해서 시방삼세불十方三世佛 혹은 시방삼세제불十方三世諸佛이라고 한다. 불교에는 석가모니 부처님 외에도 다양한 시공간의 붓다가 존재하는 것이다. 그리고 바로 이

중국 용문석굴

와 같은 상황을 필요에 의해서 표현하다 보니, 사찰에는 많은 부처님
들이 모셔지게 된다.

14만 불상과 한 분의 부처님

중국의 용문석굴에는 14만 불상이 모셔져 있고 운강석굴에는 5
만 불상이 조성되어 있다. 이렇게 많은 불상을 조각한 것은 시방삼세
의 많은 성취자들에 대한 존경과 그분들을 닮아 가고자 하는 염원 때
문이다. 그러나 배흘림기둥으로 유명한 부석사 무량수전에는 아미타

부처님 단 한 분만 계신다. 너무나도 극명한 '다多'와 '일一'의 차이. 그러나 이것이 한 종교 속에 동시에 존재하고 있다는 놀라운 사실. 이것이 바로 불교다.

프랑스 루브르 박물관에는 많은 작품이 전시되어 있다. 그러나 내가 보는 작품은 언제나 하나일 뿐이다. 불교는 이것을 말한다. 그렇기 때문에 많지만 번거롭지 않고, 하나여도 넉넉할 수 있는 것이다. 또 그것은 전체가 예술품이라는 범주로 연결되어 있다. 이와 같은 다양성과 독립성의 관계를 화엄사상에서는 월인만천月印萬川, 즉 하늘의 달은 하나이나 강물에 비친 달그림자는 강에 따라 다르다고 설명하고 있다. 이것을 세종이 차용해서 지은 찬송가讚頌歌가 바로 〈월인천강지곡〉이다. 또 정조 역시 스스로를 '만천명월주인옹萬川明月主人翁'이라 칭하였다.

그런데 불교는 하늘에서 비추는 달을 말하는 것이 아니라 서로가 비추는 달을 말한다. 광명은 우리 안에 있는 것이지 저 높은 하늘에 있는 것이 아니라는 말이다. 이런 면에서 본다면, 모든 부처님을 찬탄하는 찬송가를 지은 세종은 맞지만 스스로를 높인 정조는 틀린 것이다.

좌우협시

사찰의 전각에는 보통 한 분의 부처님만 모시지는 않는다. 일반적으로 부처님이 한 분 계시고 좌우로 그 부처님을 돕는 두 보살이 모셔진다. 이러한 두 보살을 '협시脇侍'라고 하는데, 옆에서 모시면서 돕는다는 의미다. 요즘으로 치면 비서 정도라고나 할까? 그러나 협시는 개인

비서가 아닌 민중의 어리석음을 계몽하기 위한 비서, 즉 실무자이다.

대웅전의 석가모니불 곁에는 좌우로 문수보살과 보현보살이 교화를 돕는다. 그리고 극락전의 아미타불 옆에는 관세음보살과 대세지보살이 뜻을 받들게 된다. 약사전의 약사여래불은 일광보살과 월광보살이 모신다. 또 보살이 주존이 될 경우는 보살보다 위계가 낮은 협시가 함께 모셔지게 된다. 대표적으로 관음전의 관세음보살 곁에 남순(선재)동자와 해상용왕이 보필하는 경우와, 지장전의 지장보살 옆에 도명존자와 무독귀왕이 보필하는 경우를 들 수 있다.

그런데 전각이 큰 경우에는 부처님만 세 분 모시는 경우도 있다. 이런 경우는 전각의 명칭도 세 글자가 아닌 네 글자가 된다. 예를 들면 대웅전은 대웅보전으로 한 단계 승진하게 된다. 대웅보전인 경우 중앙에는 석가모니불이 모셔지고, 그 좌우에는 약사여래불과 아미타불이 모셔진다. 그러나 이때는 부처님 간의 위계에 따른 높낮이가 없기 때문에 중앙과 동·서방의 방위에 따라서 위치가 결정된다. 석가모니 부처님이 계신 곳은 우리가 있는 이곳이니 중앙이 된다. 그러나 약사여래는 동방 약사유리광세계에 살고 있고, 아미타불은 서방 극락세계에 계신다. 그러므로 중앙을 중심으로 동서로 벌려 있게 된다. 이런 구조를 '삼계불三界佛'이라고 한다. 삼계란 공간적인 세 세계, 즉 동·서·중앙의 세 세계를 의미한다.

또 이분들은 각기 다른 공간에서 독자적인 영역을 확보하기 때문에 일반적으로 이분들을 모시면서 돕는 협시들도 함께 모셔지기도 한다. 즉 세 분의 부처님과 여섯 분의 보살이 함께 모셔지게 되는 것이

❀ 삼계불三界佛

공간적인 삼계불三界佛을 조선시대에는 삼세불三世佛이라고 했다. 그러나 이는 과거―현재―미래의 시간적인 삼세불 때문에 혼란이 초래된다. 때문에 삼세불三歲佛(시간)과 삼세불三世佛(공간)로 칭하기도 한다. 그러나 이런 경우는 발음에 따른 혼란이 야기된다. 그래서 삼계불이 타당하다고 판단된다. 삼계불을 삼존불三尊佛로 칭하는 경우도 있는데, 이는 포괄적인 명칭이기 때문에 문제는 없다. 다만 특칭으로는 부족한 면이 존재한다.

다. 그런데 이런 경우에는 부처님과 보살의 위계를 나타내기 위해서, 부처님은 크게 조성되고 보살은 상대적으로 작게 만들어진다. 또 부처님은 앉아 있는 형태가 되고 보살들은 서 있는 모습으로 표현된다. 이때 일반적으로 서 있는 보살들은 앉은 부처님의 어깨에 위치하는 크기밖에 되지 않는다. 과거에는 누가 높고 강한지를 크기로 표현하곤 했기 때문이다.

세 분의 부처님을 모시는 경우로는 이외에 법신·보신·화신의 삼신불을 모시는 경우도 있다. 삼신불이란 비로자나불·노사나불·석가모니불을 가리키는데, 이는 부처님의 특징을 본체·현상·작용으로 차

통도사 영산전 〈견보탑품도〉

등해 구별하는 것이다. 그러므로 이런 경우는 세 분을 별도로 분리하지 않고 하나의 개념으로 이해한다. 그래서 좌우협시를 독립적으로 여섯 분을 조성해서 강조하지 않는다. 그냥 중앙의 비로자나불을 중심으로 노사나불과 석가모니불 사이에 문수보살과 보현보살을 시립케 하는 정도가 전부이다.

짝수는 없다

전각에 모셔지는 부처님은 한 분 아니면 세 분 또는 다섯 분이 된다. 많을 경우는 일곱 분이나 아홉 분도 가능하다. 그러나 짝수로 되는 경우는 없다. 왜냐하면 여기에는 기수와 우수, 즉 홀수와 짝수 법칙이 있기 때문이다. 또 종교시설의 특징상 홀수가 되어야 중앙의 집중도가 높아지는 측면도 고려되었을 것이다.

그런데 이런 법칙에도 예외가 없는 것은 아니다. 우리가 잘 아는 불국사의 다보탑과 석가탑은, 『법화경』 「견보탑품」에 묘사된 다보여래와 석가여래가 함께 대화하는 장면을 형상화한 것이다. 이를 주제로 한 벽화가 남아 있는 곳은 통도사 영산전이다. 이런 경우는 특정 장면 묘사라는 특성상 두 분의 부처님이 등장하기도 한다.

또 천불전이나 삼천불전과 같이 많은 부처님을 모실 경우에도 짝수가 등장한다. 홀수와 짝수를 떠나서 많다는 의미가 주가 되기 때문이다. 생각해 보라. 999분의 부처님이라면 전각 이름도 천불전이 아닌 구백구십구불전이 돼야 하는데, 이건 좀 아니지 않은가!

20

왼쪽이 높을까
오른쪽이 높을까

좌우보처를
구별하는 방법

오른손을 들고 있는 탄생불
(통일신라 시대)

좌의정이 높은지 우의정이 높은지 헷갈리는 경우가 많다. 물론 '실세'가 누구냐고 물으면 얘기가 달라지지만, 애초에 누가 더 높은 직급인지를 따지면 답은 좌의정이다. 한자에서는 대등한 개념이 나올 때 선행하는 글자가 반드시 높다. 이를 언어의 우월성이라고 하는데, 전후前後, 일월日月, 용호龍虎, 동서東西, 남녀男女, 천지天地 등을 생각해 보면 된다. 한자에서는 오른쪽과 왼쪽을 같이 표현할 때 '좌우'라고 말한다. 하지만 유럽과 인도는 반대로 오른쪽이 더 높다(인도와 유럽은 같은 아리안 문화를 공유한다. 언어의 배치도 유사하다).

불교는 인도에서 발생했지만 우리나라에 들어온 불교는 중국을 거쳤으니, 이 때문에 오른쪽과 왼쪽 존숭의 개념이 우리나라 사찰에서는 항상 헷갈린다.

오른쪽은 인도, 왼쪽은 중국

인도문화의 우측 숭배는 불교 문헌들에서도 뚜렷하게 확인된다.

왼손을 들고 있는 탄생불
(고려 시대)

☀ 천상천하天上天下 유아위존唯我爲尊

'천상천하天上天下 유아독존唯我獨尊'으로 더 많이 알려져 있으나. 경전 상에는 '천상천하 유아위존'의 빈도수가 더 높게 나타난다.

부처님의 탄생을 알리는 유명한 장면을 살펴보자. 마야 부인이 룸비니 동산에서 '오른손'으로 무우수 가지를 잡자 부처님이 '오른쪽' 옆구리에서 태어난다. 세상에 출현한 부처님은 '오른손'으로 하늘을, '왼손'으로는 땅을 가리키면서(天地印) "천상천하 유아위존"☀을 천명하신다.

깨달음을 얻었을 때나 교화에 나섰을 때의 장면을 보아도 오른쪽이 항상 높았다. 마침내 부다가야에서 깨달음을 얻었을 때 부처님은 '오른손'으로 땅을 짚는 항마촉지降魔觸地를 했으며, 제자나 신도들의 인사는 '오른손'을 들어서 받으셨다. 주무실 때도 '오른쪽'으로 누우셨으며 열반하실 때 역시 '오른쪽'으로 누워서 돌아가셨다. 오른 무릎을 꿇는 우슬착지右膝着地와 오른 어깨를 드러내는 편단우견偏袒右肩, 그리고 시계방향으로 존숭의 대상을 도는 우요삼잡右繞三匝 등도 마찬가지이다.

이와 같은 인도의 우측 문화는, 음식은 오른손으로 섭취하고 뒷일은 왼손으로 처리하는 뚜렷한 분리로 오늘날까지 남아 있다.

중국에서 좌측을 우측보다 높이는 문화는 『논어』 「헌문憲問」, 『노자』 제31장, 『예기』 「단궁상檀弓上」 등에 잘 나타나 있다. 특히 『논어』에서 공자는 '관포지교管鮑之交'로 유명한 관중管仲의 최대 공로를, '우측 전통의 유목문화를 막고서 중국의 좌측 문화를 지켜 낸 것'이라고 말하고 있다.

불교는 인도에서 시작되어 중국으로 넘어온다. 즉 우측 문화에서 좌측 문화로 넘어오게 된 것이다. 이로 인해서 필연적으로 좌우충돌 현상이 나타난다. 불교 전래 초기에 이와 같은 두 문화의 충돌 양상을 기록하고 있는 문헌이 바로 『홍명집』[중국 양나라의 승우(僧祐 : 445~518)가 불교를 수호할 목적으로 찬술한 책]의 「사문단복론沙門袒服論」이다.

사찰의 좌우 구분은 어려워 _ 좌우보처左右補處 문제

좌우의 혼란은 인도와 중국이라는, 두 문화권에 걸쳐 존재하는 불교로서는 어쩔 수 없는 숙명이라고 할 수 있다. 이런 혼란 중 가장 극명한 경우가 좌우가 완전히 바뀐 보처의 순서이다.

좌우보처란, 주존主尊인 부처님을 중심으로 좌우에 배치되는 보살님과 같은 존상을 말한다. 예컨대 석가모니불 좌우에는 문수보살과 보현보살이, 그리고 아미타불 좌우에는 관세음보살과 대세지보살이 모셔지는 것 등이다. 그런데 이 경우 좌보처에 위치한 보살들의 위계가 한결같이 높다. 이는 인도불교와는 다른 동아시아 중국문화권의 특징이 반영되어 완전히 전도顚倒된 경우이다. 또 이 같은 양상은 불교 그림인 불화에서도 동일하게 목도된다.

탑돌이, 우측으로 돌까요 좌측으로 돌까요

일정 규모 이상의 절에는 으레 탑이 있게 마련이다. 이와 관련해서 탑을 도는 탑돌이가 행해지기도 한다. 과거에 공식적인 탑돌이는 정월대보름이나 부처님오신날, 또는 2월 8일의 출가재일에서 2월 15일의 열반재일에 이르는 '특별정진기간'에 시행되었다.

그런데 탑을 어느 방향으로 돌아야 하는지 혼란스러워하는 경우

❈ 우요삼잡右繞三匝
부처님께 제자들이 법을 청할
때 부처님의 주위를 우측으로
세 번 돌아서 존경함을 나타내
는 것이다. 인도에서 존경의 표
시로 존경 대상을 오른쪽(시계방
향)으로 세 바퀴 도는 예법으로
불교에도 널리 수용되어 있다.

가 많다. 우요삼잡右繞三匝❈이라고 하니 오른쪽으로 돌라는 것은 이해가 되는데, 여기에서 오른쪽이라는 것이 시계방향인지 시계 반대방향인지가 헷갈린다는 말이다. 그래서 탑돌이를 하는 분 중 서로 반대 방향으로 도는 분들을 종종 보게 된다.

우요의 방향과 관련해서는 '상징적인 이해'와 '실질적인 이해'의 두 가지가 있다. 먼저 상징적인 이해란, 태양이 동에서 떠서 남쪽으로 이동해 서로 기울기 때문에 시계방향이 된다는 태양 숭배와 관련된 주장이다. 다음으로 실질적인 이해란, 인도문화에서는 왼손이 뒷일을 처리하는 부정한 손이기 때문에 왼쪽엔 상대에 대한 경시의 의미가 담겨 있다. 그러므로 상대에 대한 존중에서는, 존중 대상이 나의 오른 방향에 위치해야 한다. 즉 편단우견偏袒右肩을 통해서 오른 어깨를 드러내고, 드러난 오른 어깨가 존중 대상에게 보이도록 시계방향으로 도는 것이다.

이렇게 놓고 본다면, 우요란 무조건 시계방향이라는 것을 알게 된다. 특히 인도문화에서는 왼쪽에 상대에 대한 모욕과 경시의 의미가 담겨 있다는 점에서, 좌측으로 탑을 도는 것은 용납될 수 없다. 시계 반대방향으로 도는 것은 상대를 욕보이는 것이기 때문에, 이는 탑돌이를 하지 않는 것만 못하다는 말이다.

또 우요삼잡에서의 삼잡이란 세 번 돈다는 의미다. 세 번 돈다는 것은 존중 대상에 대한 기본적인 횟수를 말하는 것으로, 최소 세 번이라는 뜻이다. 그러므로 세 번 이상 얼마라도 가능하다. 결국 우요삼잡이란 '시계방향으로 세 번 이상 돌라'는 의미라고 하겠다.

방향의 혼란은 그만

방향과 관련해서 사람들이 흔히 혼동하게 되는 이유는, 방향의 기준이 어디인지를 정확하게 이해하지 못하기 때문이다. 그러나 존중의 대상이 방향의 기준이 된다는 걸 명심하면 이해하기가 쉽다. 즉 제사에서는 위패가 바라보는 쪽인 남쪽을 기준으로 하기 때문에 홍동백서가 이루어지고, 과거의 국가 행사에서는 국왕을 기준으로 좌우가 나뉘게 된다. 이처럼 법당에서는 '부처님이 바라보는 입장'을 기준으로 좌우를 구분한다. 내가 바라보는 방향이 아닌 부처님이 바라보는 방향에서의 좌우인 것이다. 이렇게 놓고 본다면 좌우보처와 같은 경우도 전혀 혼동될 일이 없다.

불상의 수인手印, 그 극심한 혼란

좌우의 문화권적 차이와 관련해서 가장 혼란스러운 것은 '불상의 수인'이다. 수인이란, 불상의 손 모양을 일컫는다. 그런데 동아시아에서는 왼손을 오른손에 비해서 높이다 보니, 인도와는 손의 방향이 반대로 되는 경우가 종종 나타나게 된다.

예컨대 부처님의 탄생 순간을 묘사하는 탄생불의 천지인天地印은, 본래 오른손으로 하늘을, 왼손으로는 땅을 가리킨다. 이는 하늘은 땅보다 높기 때문에 상위가 되는 오른손으로 가리키는 것이다. 그러나 동아시아로 와서는, 존귀한 하늘을 당연히 왼손으로 가리켜야 한다는 생각이 나타나면서 왼손과 오른손의 방향이 뒤바뀌게 된다. 이를 역

179

똑같은 비로자나불이지만 손의 좌우 위치가 다르다.

불국사 비로전 비로자나불좌상의 역지권인(통일신라 시대)　　　**기림사 대적광전 비로자나불좌상의 지권인(조선 시대)**

천지인逆天地印이라고 한다. 이는 비로자나불의 수인인 지권인智拳印에서도 마찬가지다. 본래는 오른손으로 왼손의 검지를 감아쥐어야 하는데, 이 또한 정반대 양상이 나타나는 것이다. 이를 반대라는 의미의 역지권인逆智拳印이라고 한다.

수인의 혼란에 있어서 압권은 뭐니뭐니해도 선정인禪定印이다. 선정인은, 왼손 위에 오른손을 올려놓은 참선하는 손 모양을 가리킨다. 그런데 동아시아에서는 반대로 왼손이 오른손 위로 포개지게 된다. 그럼에도 선정인에서는 이런 경우에 역선정인逆禪定印이라는 표현을 쓰지 않는다. 왜냐하면 동아시아에서는 모두 다 천편일률적으로 왼손이 위로 올라가기 때문이다. 즉 역선정인이 일반화되면서 이를 '역逆'이라는 특수의 의미로조차 지칭할 필요가 없어진 것이다. 마치 동아시아의 좌우보처에서는 좌측이 더 위계가 높은 것으로 통일되어 있는 것처럼 말이다.

불교 안의 좌우 혼란 문제는, 인도와 중국이라는 서로 관점이 다른 두 문화권에 걸쳐 있는 불교의 숙명적인 과제이다. 그러나 조금만 분명히 보고 이해할 수 있다면 이것은 딱히 문제라고 하기도 그렇다. 좌우의 혼란은, 모든 일에서와 마찬가지로 '내가 얼마나 관심이 있느냐'에 달린 것은 아닐런지….

21.

부처님은 손으로
사인(sign)을 보낸다?

수인으로 불상을
구별하는 방법

아미타불 수인

모든 불상은 명호에 관계없이 '파마머리'와 '골드컬러'다. "민머리에 두건을 쓰고 있거나 보관을 쓰고 계신 분도 있지 않느냐?"고 물을 수 있지만, 이분들은 '부처님'이 아니라 '보살'이라는 이름을 갖고 있다. 그래서 사람들이 북적이는 큰 절에 가면, 부처님을 모신 불단 밑에 '이름표'가 붙어 있는 경우도 종종 볼 수 있다. 생김새에 큰 차이가 없으니 이름표를 붙여서 알려 주는 것이리라. 하지만 일견 친절해 보이는 이 행동은 종교적으로는 대단히 불경한 행위라는 점도 알았으면 한다. 이름표란 '보는 사람'을 위한 것이지 '보이는 사람'을 위한 것이 아니기 때문이다. 물론 사찰에는 부처님을 구별할 수 있는 사람만 오는 건 아니라는 항변도 있을 법하다. 인정한다. 하지만 그렇다 하더라도 정면이 아닌 불단의 한 측면에 부처님의 이미지와 함께 명호를 표시하는 것이 맞다.

모든 경기에는 규칙이 있다

그럼 이제 부처님이 계신 법당으로 들어가 보자. 당황스럽다. 모두 '파마머리'와 '골드컬러'다(물론 부처님 좌우에 보살을 모신 경우도 있다). 이럴 경우 다음의 '배치도'를 참고하여 부처님을 구별할 수 있다.

선정인, 설법인, 시무외인, 여원인(왼쪽부터)

삼 세 불

연등불(과거) – 석가모니불(현재) – 미륵불(미래)

⇧⇧⇧⇧⇧⇧ 보는 방향 ⇧⇧⇧⇧⇧⇧

삼 신 불

석가모니불(작용) – 비로자나불(본체) – 노사나불(현상)

⇧⇧⇧⇧⇧⇧ 보는 방향 ⇧⇧⇧⇧⇧⇧

삼 계 불

아미타불(서쪽) – 석가모니불(중앙) – 약사여래불(동쪽)

⇧⇧⇧⇧⇧⇧ 보는 방향 ⇧⇧⇧⇧⇧⇧

하지만 불상의 좌우 배치는 표에 나온 세 가지 경우 외에도 워낙 다양하기 때문에 불상을 구별하려면 손 모양을 살피는 것이 가장 정확하다.

석가모니 부처님은 항마촉지인降魔觸地印, 아미타 부처님은 구품인九品印, 비로자나 부처님은 지권인智拳印과 같이 특정 수인으로만 조상한다. 사실 이마저 없었다면 부처님을 구별할 수 있는 방법은 거의 없다고 봐야 한다.

법주사 미륵대불
시무외인과 여원인을 하고 있다.

　이런 손 모양을 인도에서는 무드라Mudrā라 한다. 이는 수인手印이나 계인契印이라는 의미다. 수인이나 계인은 팔과 손을 이용해서 특정한 상징의 형상을 만드는 기호 행동이다. 다양한 수인이 있지만, 여기에서는 우리가 주변에서 가장 흔히 접하는 석가모니불, 아미타불, 비로자나불, 약사여래불의 수인을 살펴보자.

석가모니불의 항마촉지인과 약사여래불

　석가모니불의 손 모양은 항마촉지인이다. 항마촉지란, '촉지' 즉 오른손으로 땅을 짚어서, '항마' 즉 마왕을 항복시킨다는 의미다. 이는 석가모니 부처님이 35세 되던 해의 12월 8일 보리수 밑에서 마왕을 물리치고 깨달음을 얻으신 것을 기념하는 손 모양이다.

〈항마촉지인〉

석굴암
항마촉지인을 하고 있다.

싯다르타가 깨달음을 얻으려고 하자, 궁지에 몰린 마왕이 직접 나타나서 방해한다. 이때 싯다르타는 "너는 과거에 한 생 동안 착한 일을 해서 지금의 마왕 과보를 받았지만, 나는 547생 동안의 보살도인 이타행을 통해서 이제 깨달음을 얻으려고 한다. 그런데 네가 어떻게 막으려고 하느냐?"고 하신다. 그러자 마왕은 "나의 과거 선행은 지금 당신이 증명했지만, 당신의 이타행은 누가 증명하겠는가?"라고 되묻는다. 그러자 싯다르타는 참선하던 오른손으로 대지를 짚으며, "대지가 나를 위한 증명이 된다."고 말한다.

우리나라에서는 흔히 '하늘에 맹세코'나 '조상(혹 부모)을 걸고서'라는 맹세를 한다. 그러나 인도 전통에는 땅을 맹세의 증거로 삼는 문화가 있다. 이것으로 싯다르타는 마왕을 물리치고 깨달음을 성취하게 된다.

그래서 석가모니 부처님의 상징으로 이 손 모양이 사용되는 것이다.

그리고 이 상태에서 왼손 위에 약그릇(혹은 약합藥盒)을 올려놓고 있으면, 이것은 약사여래의 손 모양인 약기인藥器印이 된다(상에 따라서는 오른손을 들어 올리고 있는 경우도 있다). 이는 손 모양이라기보다는 약그릇이라는 물건을 들고 있다는 점에서 차이가 있다. 약사여래는 이 약그릇이라는 상징을 통해서 중생의 병고를 구원하는 대의왕大醫王으로서의 강력한 아우라aura를 구축하고 있는 것이다.

아미타불의 구품인과 하품중생인

아미타불은 우리가 사는 세계에서 서쪽으로 10만억 국토 떨어진 극락이라는 이상세계를 주관하시는 부처님이다. 이분은 중생들이 극락에 태어나는 아홉 가지 방법(9품왕생)과 관련된, 총 아홉 가지의 손 모양(구품인)을 취하신다. 즉 아미타불의 아홉 가지 손 모양은 극락에 태어나는 방식과 관련된 것이다. 그러나 이 또한 다 알 필요는 없다. 왜냐하면 우리나라의 아미타불은 이 중에서 하품중생인下品中生印만을 취하고 있기 때문이다.

종교와 관련된 우스갯소리에, 부처님이 손가락으로 동전 모양을 하면서 "돈 내놔."라고 하자, 예수님이 팔을 벌리며 "배 째라."라고 했다는 말이 있다. 여기에서 나타나는 양손의 엄지와 중지를 맞대면서 동그란 모양을 만드는 손 모양이 바로 하품중생인이다.

이 손 모양이 구품인 중에서 위치가 하급에 속하는데, 왜 우리 불

〈하품중생인〉

불국사 금동아미타불좌상
(통일신라 시대)

교의 아미타불을 대변하는 형태가 되었는지는 분명하지 않다. 아마도
이는 우리 선조들의 화려한 미감의 발로는 아니었을까? 아마타불의
아홉 가지 손 모양 중에서 가장 유려하고 아름다운 자태는 바로 이 하
품중생인이기 때문이다. 이는 종교와 미를 동시에 사랑한, 한국불교의
정서적 특징은 아니었을까?

〈지권인〉

비로자나불의 지권인

비로자나불은 진리의 당체를 상징하는 부처님이다. 불교는 진리를
숭배하는 종교이다. 그러므로 진리를 나타내는 비로자나불은, 부처님
중에서도 최고의 부처님이라는 의미에서 법신法身이라고 칭한다. 이 부

처님의 손 모양이 바로 지권인智拳印이다.

지권인은 오른손 엄지와 검지로 원을 만든 뒤, 왼손의 검지를 세워서 서로 맞대고는 왼손 검지를 오른손으로 말아 쥐는 모습이다. 이는 중생을 부처님이 감싸고 있는 것을 상징하는 것으로, 완전한 부처님 속에 모든 중생과 이 세계가 존재하는 것을 나타낸다. 우리는 그렇게 요람 속의 아이처럼, 부처님 안의 중생이라는 것이다. 이를 비로자나불께서는 손짓을 통해 우리에게 말하고 있다. 이것을 이해한다면 우리는 언제나 부처님의 그늘 속에서 행복의 길을 걷는 영원의 존재로 향상할 것이다.

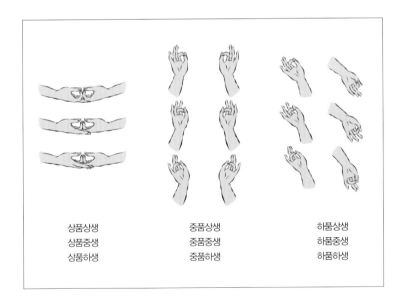

상품상생	중품상생	하품상생
상품중생	중품중생	하품중생
상품하생	중품하생	하품하생

22.

불교의 우주론이
한자리에 모였다

수미단과
닫집

백흥암 극락전
백흥암 수미단은 한국 사찰에 있는 수미단 중 백미로 꼽힌다.
수미단은 수미산을 형상화해 놓은 단이라는 의미다.
수미산은 불교의 우주관에서 우주의 중심을 이루는 거대한 산이다.
이 정상에 부처님이나 보살을 모셔 놓는다.

불보살상을 안치하는 단을 통칭해서 불단佛壇이라고 한다. 그런데 불단의 또 다른 명칭은 수미단須彌壇이다. 수미단은 수미산을 형상화해 놓은 단이라는 의미다. 수미산은 불교의 우주관에서 우주의 중심을 이루는 거대한 산이다. 이 정상에 부처님이나 보살을 모셔 놓는다.

수미산의 형상에 대해서는 갑론을박이다. 인도와 불교 설화에 다양한 형태로 등장하기 때문이다. 이 중 동아시아 불교에서 받아들인 것은 모래시계와 같이 허리가 잘록한 상태에서 상하가 같은 모양으로 되어 있는 것이다. 고대 중국의 건축전문서인 『영조법식』(1091년에 완성)의 권15에도 이런 내용이 확인된다. 몇 점 남아 있진 않지만 불화나 조각 등에서도 이를 확인할 수 있다. 여하튼 현재 사찰에서 만나는 장방형으로 된 계단식 불단과는 그 모습이 완전히 다르다.

수미좌와 공양상

『영조법식』을 보면 불단을 수미단이 아닌 수미좌須彌座로 표기하고 있다. 단은 제단을 의미하고, 좌는 좌대, 즉 의자와 같이 앉는 곳을 뜻한다. 단순한 차이가 아니다. 예를 들어 석굴암 본존불이 모셔져 있는 곳은 좌대이지 단이 아니다. 그러므로 단이나 좌대는 구별해서 써야 한다. 이걸 구별하지 않으면 수미좌에도 공양물 같은 것을 올려놓는 일이 벌어진다. 자신이 앉는 의자에 밥을 올려놓고 먹는 사람은 없다. 그래서 수미좌에는 공양물을 올리지 않는다. 불가피할 경우 수미좌 앞에 별도로 공양물을 올려놓는 공양상이 차려진다. 이것이 점차 체계

운문사 작압전 석조여래좌상
좌대 앞에 공양상이 별도로 설치되
어 있다.

를 잡아 가면서 정착된 게 바로 공양단이다. 대구 동화사 석조비로자
나불좌상(보물 제244호)이나 충북 괴산 각연사 석조비로자나불좌상(보물 제4
33호)에는 불상 앞에 별도의 공양단이 마련되어 있다. 그런데 수미좌
조각 수법의 수려함 등을 고려하면 이렇게 공양단을 설치해서 보이지
않도록 하는 것은 불상이 제작될 당시부터 염두에 두었던 것이 아닌
게 분명하다. 처음부터 공양단이 있던 게 아니라면 그 전에는 공양상
을 놓았을 가능성이 높다.

어쨌든 시간이 지나면서 수미좌와 공양단을 별도로 만들지 않고 통합하는 경향이 나타난다. 특히 수미좌와 공양단이 분리될 경우 공양단 뒤쪽에 불가피하게 공간이 생겨 시각적으로나 실제로나 지저분해지는 일이 많아진다. 결론적으로 수미단이란, 수미좌에서 연유하였지만 공양상을 흡수하면서 완성되는 후대의 창작물이다. 그리고 이 '후대'는 대략 조선 후기로 추정된다. 고려 시대의 불화에서도 수미단은 확인되지 않고, 역시 고려 시대에 완성된 부석사 무량수전 등에도 부처님은 수미단 위에 모셔져 있지 않다. 이렇게 본다면 수미단의 역사는 그리 길지 않은 셈이다.

수미단, 계급장을 달다

초기에 만들어진 수미단은 평평한 정방형 단에 불상을 모시고 넓은 앞쪽에 공양구인 촛대와 향로 그리고 공양물이 올라가는 형태였다. 불상의 좌대와 제단이 결합된 것이니 이와 같은 구조는 어찌 보면 당연하다. 하지만 이럴 경우 공양구 때문에 불상이 가려진다. 또 불상과 공양구가 같은 높이에 있게 되면 당연히 위계에 대한 문제가 발생한다. 이 때문에 단의 앞쪽에 층을 만들어 차등을 두게 되었다. 그런데 이렇게 하자 공양구 안에서도 촛대와 향로처럼 항시 있는 것과 음식처럼 수시로 바뀌는 공양물의 차등이 문제가 되었다. 그래서 이것을 효율적으로 정리한 것이 유교의 제사상과 같은 형태의 분리다. 즉 수미단을 3단으로 나누어서 1단에는 촛대와 향로를 올리고, 2단에는 공

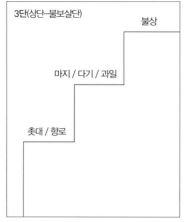

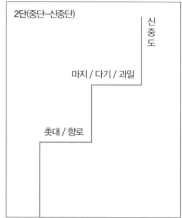

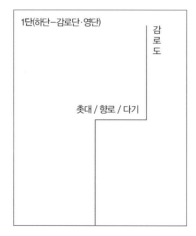

양물을 올리고, 최종 3단에 불상을 안치하는 것이다. 이렇게 해서 수
미단은 전체적으로 3단의 구조를 갖추게 된다.

　그런데 전각 안에는 부처님을 모시는 수미단 외에도 부처님을 호
위하는 신들을 모시는 신중단과 돌아가신 분을 제사하는 영단인 감로

단이 존재한다. 이를 같은 3단으로 만들면 또다시 위계 문제가 발생한다. 그래서 신중단은 2단으로 만들고, 감로단 즉 영단은 1단으로 만들어 차등을 둔다. 3단·2단·1단의 차등과 이에 따른 상단중단하단의 구조가 완성되는 것이다.

이렇게 '상설적'인 단이 갖춰지면서 '장엄'이 시작된다. 처음에는 그림이 주였지만 시간이 지나면서 고부조의 조각과 투조透彫*를 통한 장식이 나타난다. 점점 화려한 수미단이 되어 가는 것이다.

보통 수미단의 전면에는 연꽃이나 물고기 또는 극락세계와 같은 이상세계를 상징하는 가릉빈가* 같은 동물이 등장한다. 또 같은 이상세계와 사람들이 추구하는 정서와 관련해서 학과 같은 십장생*도 묘사하게 된다. 즉 수미단 위는 이제는 수미산 정상의 도리천이라는 신들의 세계라기보다는, 불교와 동아시아의 이상적인 선경仙境이라는 의미가 강하게 나타나는 것이다. 이는 조선 시대라는 숭유억불기에, 인도 불교적인 우주론을 정확하게 학습하지 못한 상태에서 중국문화권의 정서가 영향을 미쳤기 때문이다. 수미단은 이렇게 동아시아의 이상세계를 흡수하면서 오늘날과 같은 모습을 갖추게 된다.

집 속의 집, 닫집

수미단 위에는 수미단의 규격과 흡사한 정도의 닫집이 만들어지곤 한다. 수미단이 지상에서 부처님의 경계를 구분하는 공간 분리의 역할을 한다면, 닫집은 전각의 공간 속에서 부처님의 존엄성을 강조

🌸 **투조透彫**

목재, 금속, 도자기, 돌, 유리, 가죽 등을 뒷면까지 완전히 도려내 무늬를 나타내는 조각 기법이다. 무늬를 나타내는 기법과 무늬를 오려 없애는 기법으로 크게 나뉜다.

🌸 **가릉빈가**

인도 말 칼라빈카kalavinka의 음차로 사람의 머리에 새의 몸의 형상을 가지고 있다. 히말라야에 서식한다는 전설의 새로 2018 평창 동계올림픽 개막식에 인면조로 등장해서 화제가 된 적이 있다.

🌸 **십장생十長生**

장생불사를 기원하는 열 가지 자연의 상징으로 ① 해 ② 산 ③ 물 ④ 바위 ⑤ 소나무 ⑥ 달 또는 구름 ⑦ 불로초 또는 영지 ⑧ 거북 ⑨ 학 ⑩ 사슴을 가리킨다. 때에 따라서는 대나무가 포함되기도 한다.

도리사 극락전 아미타불좌상과 닫집

사찰의 비밀

하는 역할을 하는 것이다.

인도는 더운 기후 때문에 일찍부터 양산을 쓰는 문화가 발달했다. 특히 왕이나 귀족들에게는 하인들이 커다란 파라솔 같은 일산을 받치게 되는데, 이러한 문화가 불교 탑이나 불상에도 수용된다. 그래서 인도의 탑은 모두 일산을 쓰고 있으며, 이는 불상도 마찬가지이다. 마치 우리가 조상의 묘소에 음식을 차려놓고 대접하듯이, 인도인들은 탑과 불상에 일산을 씌워 놓아 뜨거운 햇빛을 피하게 하고 있는 것이다. 이는 오늘날의 동남아시아에서도 확인되는 인도문화권의 한 특징이다.

그러나 일산 문화는 동아시아에서는 필연성이 없다. 인도와 같은 무더운 기후가 아니기 때문이다. 실제로 우리나라도 불과 1~2세대 전만 하더라도 양산은 그리 일반적이지 않았다. 이로 인하여 일산 문화는 위축된다. 그러나 동아시아 전통에는 왕궁의 대전에 왕의 존엄성을 높이기 위하여 용 등을 장식하는 천장 문화가 있다. 이는 국왕이 신하들과 함께 조회를 볼 때 신하와는 다른 공간 속에 있음을 상징해 위계에 차등을 두기 위한 것이다. 바로 이 부분이 불교의 일산 문화와 결합되면서, 집 속의 집이라고 할 수 있는 닫집을 완성하게 된다. 닫집이란 '천장에 따로 달아맨 집'이라는 의미다. 즉 인도의 양산 문화는 동아시아로 전래되어 중국문화와 결합되는 과정에서 하늘의 궁전과 같은 양상으로 전개된 것이다.

23.

부처님 앞에는
왜 쌀이나 초를 올릴까

불단에 올리는
육법공양의 의미

사시마지를 올리기 위해 법당(법주사 팔상전)으로 향하는 스님

부처님은 인도에서 말하는 성인의 형상(32상 80종호)※으로 묘사되는데, 일반인이 보기에는 그냥 살이 찌고 건장한 체격으로 보인다. 하지만 실제 부처님이 하루에 한 끼만 드신 수행자라는 점을 고려한다면, 이런 묘사를 '사실'이라고 판단하기에는 좀 무리가 있다. 그래서 우스갯소리로 '예수님은 공양물을 받지 않고, 공자님은 1년에 두 번(탄신과 기일) 공양을 받는데, 부처님은 매일 공양을 받으시기 때문'이라고 말하기도 한다.

불전에 올리는 여섯 가지 공양물

불전에 올리는 공양물의 종류는 여섯 가지다. 사찰의 중요 의식에는 육법공양六法供養이 빠지지 않는데 여섯 가지 공양물을 부처님께 올린다는 말이다. 여섯 가지 공양물은 향, 등(초), 꽃, 과일, 차, 쌀(마지 또는 떡)이다. 이 중 과일을 제외한 다섯 가지는 특별한 의식을 치르는 날이 아니더라도 항상 올리는 공양물이다. 꽃은 지화紙花와 같은 조화를 썼기 때문에 항상 올려져 있는 공양물이며 향로, 촛대, 찻잔은 언제나 모셔져 있다가 아침저녁의 예불과 사시(오전 9~11시) 불공 때 새로 채워진다. 또 사시불공 때에는 마지, 즉 뫼(밥)도 올라간다. 뫼란 그릇 위로 높이 쌓아 올린 풍성한 밥이 산의 형상과 닮았기 때문에 붙은 이름이다. 비슷한 표현으로 '고봉(高峰, 밥)'이라는 것이 있다(무덤을 뫼라고 하는 것도 같은 이유다. 무덤은 큰 산속에 있는 작고 보잘것없는 산이라는 의미로 뫼똥이라고도 한다).

전체적인 구조가 조금 복잡할 수도 있는데 사당에 모셔 놓은 제상

※ 32상80종호三十二相八十種好 인도에서는 위대한 성인이나 전륜성왕 같은 성왕은 32가지 큰 특징과 80가지 작은 특징을 지녔다고 생각했다. 이를 32상 80종호라고 하며, 줄여서 '상호相好'라고 한다. 32상 중 몇 가지를 소개하면, 정수리가 상투처럼 솟아 있는 육계, 머리카락이 소라처럼 오른쪽으로 둥글게 말린 나발, 미간에 흰 털이 나서 오른쪽으로 돌아 뻗은 백호, 황금빛 몸, 발바닥의 수레바퀴 자국 등이다. 80종호는 32상을 좀 더 세분하거나, 작은 특징들이 추가된 것들이다.

이나 명절의 차례상을 생각해 보면 이해가 쉽다. 과거에는 경제적인 이유 때문에 과일을 쉽게 올릴 수 없어 일상적인 행사에서는 생략하고, 초하루·보름 및 49재나 부처님오신날과 같은 큰 행사에만 올랐다. 또 꽃은 지화가 아니라 계절별로 다른 생화를 쓰기도 했다.

불교와 유교의 공양 방식

불교와 유교에서 제단을 차리는 방식은 처음에는 큰 차이가 있었다. 하지만 가정집에서 드리는 제사상은 불교와 유교의 영향이 서로 뒤섞이며 닮아 가다가 현재의 모습으로 정착됐는데, 지금은 오히려 불교적인 요소가 더 강하게 남아 있어 흥미롭다.

일단 '차례'※라는 명칭 자체가 불교에서 유래한 것이다. 차례는 차 중심의 종교 의례라는 뜻이다. 불교 의례에서는 술을 사용하지 않는다. 또 제사 때 쓰는 향도 불교의 영향임이 분명하다. 인도에서 흔히 사용되던 향은 중국을 거쳐 한반도로 들어왔다.

그럼에도 두 공양법에는 오늘날까지 차이가 있는 부분도 있다. 먼저 눈에 띄는 것은 반찬의 유무이다. 불전에는 반찬이 오르지 않지만 제상에는 풍성한 반찬이 오른다. 그러나 불전에서 반찬이 사라지는 때는 조선의 숭유억불 시기이다. 불교가 융성하던 시기에는 반찬이 발우에 담겨 함께 올랐다. 불전 공양에서 반찬이 사라진 것은 사찰 경제가 크게 어려워진 이후이다. 조선은 양란을 거치면서 전란과 궁핍에 따른 많은 문화적 변형을 거치게 된다. 이 과정에서 반찬이 사라진

※ 차례

차례는 다례라고도 하는데, 두 경우 모두 한자로는 같은 茶禮를 사용한다. 茶에 대한 발음이 중국 양자강 이북인 강북에서는 차로 읽고, 강남에서는 다로 읽는다. 이런 중국의 서로 다른 두 지역의 발음이 들어온 것이 '차'와 '다'이다. 이 때문에 차례와 다례는 같은 말의 다른 발음에 지나지 않는다.

육법공양을 올리고 있는 모습

다. 또 이 시기에 원래는 차를 올리던 것도 깨끗한 물(청수)로 대체된다.

이외에 꽃의 유무도 들 수 있다. 꽃의 활용을 권장하는 것은 꽃이 지천으로 흔한 인도문화와 관련된다. 자연과 더불어 존재하는 것을 강조하는 동아시아 전통에서는 꽃을 꺾어서 장식하는 것을 좋아하지 않는다. 그렇다 보니 꽃 장식 문화는 유교 전통이 아니다. 또 이와 같은 동아시아의 전통은 불교에도 생화보다는 조화를 사용하게 하는 양상으로 바뀌게 된다. 즉 오늘날 장례에 꽃을 사용하는 것은 불교문화의 자취라고 하겠다.

육법공양의 형성과 상징성

사찰에서는 보통 사시巳時(오전 9시~11시)에 불공(공양)을 드린다. 부처님 당시 인도 수행자들은 오전에 한 끼만 먹었는데 사시불공은 여기서 유래한다. 인도는 날씨가 덥기 때문에 음식이 부패하기 쉽고, 이와 같은 영향으로 한낮인 12시 이후에 먹는 것을 부정적으로 보았다. 그래서 수행자는 오전에만 공양을 하는 원칙이 수립된다. 더불어 불교가 발생한 인도는 더위로 인한 냄새 때문에 일찍부터 향을 피우는 문화가 발달했다. 반면 더위는 사시사철 풍부한 꽃과 과일을 만들어 낸다. 이런 문화가 종교와 결합되면서 만들어진 것이 바로 육법공양이다.

물론 육법공양은 인도문화를 기반으로 우리의 종교 인식과 해석을 거쳐 탄생한 것이다. 향·등·꽃·과일·차·쌀은 각각 해탈향解脫香·반야등般若燈·만행화萬行花·보리과菩提果·감로다甘露茶·선열미禪悅米로 불린다. 해탈향이란 향의 청정성과 연기가 이 세계를 벗어나 하늘에 이르는 것을 해탈에 비유한 것이다. 여기에는 화장火葬을 하고 그 영혼이 하늘로 올라간다는 인식이 바탕에 깔려 있다. 반야등은 등불의 밝힘이 지혜와 같이 분명하다는 의미이며, 만행화는 아열대 기후에 지천으로 피어 있는 꽃의 두루한 측면을 상징적으로 차용한 것이다. 또 보리과는 보리라는 깨달음은 과일의 결과와 같다는 의미이며, 감로다

✿ 해탈향解脫香
완전한 자유를 상징하는 향

✿ 반야등般若燈
지혜를 상징하는 등불

✿ 만행화萬行花
모든 실천을 상징하는 꽃

✿ 보리과菩提果
깨달음의 결과를 상징하는 열매

✿ 감로다甘露茶
불사의 음료인 감로를 상징하는 차

✿ 선열미禪悅米
수행의 기쁨을 상징하는 쌀

는 좋은 차는 감로 즉 불사약과 같다는 것을 나타낸다. 감로는 산스크
리트어로 아므리타amṛta인데 불로불사의 음료이다. 이 불사약의 탄생
과 관련된 신화가 바로 '우유바다 휘젓기,' 즉 유해교반乳海攪拌이다. 캄
보디아의 앙코르 와트 앞 다리 난간에는 이를 형상화한 조각이 아직
남아 있다. 차가 중국문화라는 점을 생각해 보면 인도의 감로와 차를
연결시킨 발상이 매우 흥미롭다. 마지막으로 선열미는 선정의 기쁨은
정제된 쌀과 같은 것으로, 인간의 삶에서 가장 중요한 핵심이라는 의
미다. 이렇게 살펴보면 육법공양은 다분히 인도문화적인 가치를 우리
가 주체적으로 수용한 결과라는 것을 알 수 있다.

24.

보살을 구별할 수 없을 땐
장신구를 살펴라

보살과
지물

금동관음보살좌상(고려 시대)

새 교황이 즉위하면 '어부의 반지Fisherman's Ring'라고 부르는 반지를 받는다. 여기에는 물고기를 들고 있는 베드로 상과 교황의 이름이 새겨진다. '성직자'가 끼는 반지는 그 역사가 꽤 오래된 모양이다. 중세 로마의 교황과 신부들이 금이나 보석 반지로 부富를 축적해 문제가 있었다는 글을 읽은 적이 있다. 여하튼 성직자들이 어떤 징표나 결의로 이런 장신구를 갖는 건 크게 나쁘게 보이진 않는다.

하지만 '수행자'의 경우는 다르다. 부처님 당시 인도의 수행자들은 장신구로 몸을 치장할 수 없었다. 불교 교단 역시 이를 받아들인다. 그래서 보통 불상은 의복 외에는 아무런 장신구가 없는 것으로 묘사된다. 언뜻 보면 불상은 황금색으로 화려해 보이지만, 자세히 보면 모두 옷주름일 뿐 어떤 장신구도 없다. 다만 불상은 머리 모양이 독특한데, 여기에는 상투의 모습이 종교적으로 변화한 육계※와 나발※이 있기 때문이다. 쉽게 말하면 불상의 두상은 언덕과 같은 형상에 소라 형태의 파마머리로 덮여 있다고 생각하면 된다. 솟구친 파마머리와 장신구 없는 모습이 바로 불상의 특징인 것이다.

※ 육계肉髻
부처님의 32상 가운데 하나로, 정수리가 두둑하게 솟아오른 모습이며 최고의 지혜를 상징한다.

※ 나발螺髮
부처님의 32상 가운데 하나로, 머리카락이 소라고둥처럼 틀어 말린 모양을 말한다. 나계螺髻라고도 한다.

유제 은입사 여의

그래서 불상은 구별이 어렵다. 이 때문에 손 모양(수인)을 보고 구별하는 경우가 많다. 물론 여기에도 예외가 없는 것은 아니다. 약사여래와 같이 약병 즉 약합을 가지고 있는 경우도 있기 때문이다. 그러나 불상은 특수한 경우를 제외하면 물건을 손에 쥐지 않는다. 이는 수행자의 무소유와 지존은 무엇을 직접 가지고 다니지 않는다는 위계의식을 반영한 것이다.

이에 비해서 보살상은 출가자가 아닌 재가의 국왕을 모델로 하는 경우가 많다. 그래서 보살상에는 왕관(보관)을 필두로 해서, 영락瓔珞이라고 하는 다양한 길이의 구슬 장식과 장신구가 함께한다. 때에 따라서는 귀고리와 팔찌, 발찌까지 한 모습으로도 나타난다. 즉 보관을 착용한 화려한 모습을 하고 있으면 보살상이라고 이해하면 된다. 불상이 아무것도 지닐 수 없기 때문에 손 모양을 통해서 구별된다면, 보살상은 가지고 있는 물건을 통해서 구별된다. 이런 물건을 지물持物 즉 '가지고 있는 물건'이라고 하는데, 이를 통해서 보살상을 구별해 볼 수 있다.

특정한 물건으로 자신을 표현하는 문화

가지고 있는 특정한 물건으로 상을 구별하는 방법은 여러 신상이 존재하는 인도의 종교에서는 반드시 필요했을 것이다. 예컨대 비슈누 신은 곤봉을 잡고 있다거나, 시바 신은 삼지창을 가진다는 것 등이다. 이와 같은 종교문화를 불교 역시 수용한다.

불교에는 많은 보살들이 존재한다. 그러나 실상 우리가 사찰에서

자주 접하게 되는 보살은 몇 분 되지 않는다. 마치 하루에도 수없이 많은 노래가 쏟아지지만, 우리가 주변에서 듣게 되는 노래는 그리 많지 않은 것과 같다. 그러므로 몇 가지만 이해하면 보살들을 구별하는 것은 그리 어렵지 않다.

　문수보살은 손에 푸른 검을 쥐고 있다. 칼은 지혜의 결단을 상징한다. 또 문수보살은 동자승의 모습으로도 나타난다. 소위 문수동자라고 하는 것인데, 이는 문수가 출가한 승려이기 때문이다. 보살들은 대개가 출가하지 않은 재가인이다. 그러나 문수·지장·미륵 등은 출가한 보살이다. 이를 재가보살과 구분하여 출가보살이라고 한다. 그래서 문

수월관음도(조선 시대)

약사삼존도(조선 시대)
가운데 약사여래불을 중심으로 좌우에 일광보살과 월광보살을 모셨다. 문정왕후가 아들인 명종明宗의 건강과 세자의 탄생을 발원하며 조성한 것이다.

❀ 패엽경貝葉經
인도에서 종이 대신 종려나무의 일종인 패다라貝多羅 나뭇잎에 송곳 같은 철필鐵筆로 글자를 새긴 불교 경전을 말한다. 패다라貝多羅는 인도 말 pattra를 음차한 것이다. 패엽경은 나뭇잎의 특성상 가로쓰기의 특징을 가진다는 점에서 세로쓰기 전통의 동아시아문화와는 차이가 있다.

수보살은 출가한 동자승의 모습으로도 묘사되는데, 가장 대표적인 경우가 국보 제221호인 상원사 문수동자상이다.

문수보살과 함께 쌍으로 등장하는 보현보살은, 석굴암에서와 같이 인도의 경전인 패엽경❀을 들고 있는 경우도 있으나 일반적으로는 특별한 지물이 없다. 그러므로 문수보살과 마주보는 보살로 이해하는 것이 쉽다. 또는 중앙의 석가모니불을 알아볼 수 있으면, 이를 근거로 좌우로 문수와 보현을 추정해서 알아내는 것도 가능하다.

관세음보살은 군지君持라는 정병과 버드나무가지를 가진 모습으로 묘사된다. 해수관음상 등에서 물을 쏟아 내고 있는 모습으로 묘사되는 도구가 바로 정병이다. 관세음보살의 정병에는 감로가 들어 있다고 해서 이를 감로병이라고도 한다. 이 감로수를 주변에 뿌려서 주위를 정화하고 질병을 물리치는 도구가 바로 버드나무가지이다. 버드나무가지에 물을 묻혀 주위에 뿌려서 삿된 것들을 정화하고 물리친다고 이해하면 되겠다.

관세음보살은 아미타 부처님의 보좌역으로도 나타나지만 단독으로 묘사되는 경우가 더 많다. 그렇다 보니 전체적으로 독특한 모습을 띠게 된다. 맨 먼저 알아챌 수 있는 건 사리라고 하는, 우리의 장옷과 비슷한 희고 투명한 옷을 입고 있는 모습이다. 그리고 이마 중앙에는 불상을 모시고 있는데, 이는 불상을 머리의 상투 속에 넣고 있는 것을 상징화한 것으로, 부처님을 받든다는 의미이다. 이 부처님이 아미타불이라는 주장도 있지만 분명하지는 않다.

관세음보살과 쌍으로 등장하는 대세지보살은 간혹 패엽경이라는 인도식의 경전을 지닌 모습으로 묘사되기도 하지만 일반적으로는 특별한 지물을 지니지 않는다. 다만 이마에 보병이 묘사되는 특징이 있다. 대세지보살의 보병은 관세음보살의 정병과 유사한데, 양자의 차이를 두기 위해서 보배로운 병이라는 명칭을 주로 사용한다. 보살상의 이마 위에 병이 보인다면 곧 대세지보살인 것이다.

다음으로는 약사여래와 치성광여래의 좌우보처인 일광보살과 월광보살을 들 수 있다. 일광과 월광은 태양과 달을 상징한다. 그러므로 이분들의 이마 위에는 각각 태양을 상징하는 붉은 원과 달을 상징하

『산해경山海經』이나 『회남자淮南
子』 등에 등장하는 태양의 정령
인 준오踆烏를 가리킨다. 금오
金烏라고도 하는데, 준오를 중
국인들은 이족오로 이해한 반
면 우리는 삼족오로 판단해서
차이가 있다.

는 하얀 원이 묘사된다. 또 그림으로 표현될 때에는 그 속에 다시금 태
양의 정령인 삼족오三足烏◆와 달의 정령인 옥토끼가 그려지기도 한다.
이와 같은 모습은 문정왕후가 아들 명종의 쾌유를 기원하면서 제작한
약사삼존도 등에서 확인해 볼 수 있다.

　　보살 중 관세음보살과 더불어 단독 신앙을 형성하는 분이 바로 지
장보살이다. 지장보살은 출가한 승려라서 파르라니 깎은 머리에 가사
를 착용한 모습으로 묘사되기 때문에 구별하기가 쉽다. 또 손에는 특
정 지물로 육환장六環杖과 투명한 보주[明珠]를 들고 있다. 육환장은 고
리가 여섯 개 달린 석장으로 승려가 지니는 지팡이다. 이 지팡이의 용
도는 고리끼리 부딪치는 소리를 통해서, 짐승들이 미리 피해 불필요
한 충돌과 위험을 사전에 방비하는 것이다. 지장보살과 관련된 회화
에는 육환장의 중간에 불상이 표현된 경우도 있다. 이를 『지장경』에서
살펴지는 각화정자재왕여래覺華定自在王如來라고도 하지만 분명한 것은
아니다. 또 지장보살의 육환장은 지옥문을 두드려서 여는 용도로 사
용된다. 지옥문에 대한 마스터키라고 이해하면 되겠다.

　　다음으로 명주明珠는 지장보살이 중생의 행위를 관찰하는 일종의
업경대 같은 것이다. 명주를 통해 지장보살은 그 사람의 잘잘못을 비
춰 보게 되는데 요즘으로 치면 모든 사람들의 행위가 기록되어 있는
CCTV라고 이해하면 되겠다. 지장보살은 명주를 통해서 파악한 정보
로 그 사람의 착한 인연을 이끌어 내고, 이를 통해서 중생을 제도하는
곳에 사용한다.

지장보살(둔황에서 발견)
육환장과 명주를 들고 있다.

이외에 미륵보살 역시 독립적인 신앙 대상으로 자리 잡고 있다. 미륵은 석가모니 부처님이 처음으로 설법하신 땅인 바라나시에서 출가한 실존 인물이다. 미륵은 석가모니 다음으로 부처님이 되실 분으로 현재는 도솔천이라는 하늘세계에 계신다. 이분의 하강을 기원하는 의미에서, 미륵은 서 있는 모습으로 묘사되는 것이 일반적이다. 대표적인 예가 법주사의 금동미륵대불과 국보 제62호 금산사 미륵전의 미륵삼존상이다.

미륵신앙은 인도불교에서부터 유행하던 것으로, 인도 미륵상의 특징은 가슴의 쌍용목걸이와 의자에 앉은 형상이다. 그러나 동아시아로 전래되면서 쌍용목걸이는 사라지고, 의자에 앉은 모습은 모두 미륵이라는 이해를 낳았다. 그래서 국보 제83호나 제78호와 같은 반가사유상은 모두 미륵으로 이해되곤 한다.

어떤 보살이든 가질 수 있는 물건

불상의 손 모양에 통인(通印, 어느 부처님이나 취할 수 있는 수인)과 별인(別印, 특정한 부처님만 취할 수 있는 수인)이 있는 것처럼, 보살상의 지물에도 보편과 특수가 존재한다. 어떤 보살이든 지닐 수 있는 지물로는 연꽃과 여의(如意)가 있다. 연꽃은 보살의 청정성을 상징하는 것으로 보통은 붉은 연꽃과 흰 연꽃을 든다. 여의는 모든 일이 뜻대로 된다는 의미를 지니는데, 용의 여의주나 손오공의 여의봉을 생각하면 이해가 쉽다.

용연사 영산회상도
석가모니불 아래 좌우에 여의와 연꽃을 든 보살이 보인다.

원래 여의는 중국 사람들에게 '효자손' 같은 역할을 하던 물건이었다. 하지만 주로 귀족이 이것을 사용했고 나중에는 귀족의 권위를 상징하는 물건이 되었다. 중국불교에서는 모든 것을 베풀어 줄 수 있는 능력을 보살에게 부여하기 위해, 이 물건을 불교 조각이나 그림에 수용한 것으로 판단된다. 우리나라는 중국과 달리 여의를 사용하지 않았다. 그래서 주로 회화에서만 살펴지며, 실물이 남은 것은 소수에 불과하다. 보통은 불교회화에서 연꽃을 든 보살의 맞은편에 여의를 든 보살이 그려진다. 연꽃과 여의는 서로 대對를 이루는 한 쌍인 것이다.

NO	불보살상의 명호	지물	의미	비고
1	약사여래	약합	약을 넣어 두는 단지	
2	문수보살	푸른 검	지혜의 결단	
3	보현보살	패엽경·일정하지 않음		
4	관세음보살	정병·버드나무가지	감로를 베풀어 줌	이마 위의 불상
5	대세지보살	패엽경·일정하지 않음	지혜	이마 위의 보병
6	일광보살			이마 위의 태양과 삼족오
7	월광보살			이마 위의 달과 옥토끼
8	지장보살	육환장과 명주	지옥문을 열고 중생의 행위를 관찰해서 제도함	
9	미륵보살	쌍용목걸이	권위	의자에 앉은 모습
*	보편적인 지물	연꽃과 여의	청정성과 권위 및 베풂	

25.

보살은 사자와 코끼리를 타고
이동한다?

보살과
동물

휜 코끼리를 타고 있는 보현보살(파주 보광사)

신화나 전설에 어김없이 등장하는 것 중 하나가 바로 동물이다. 그 형태도 다양하다. 아예 신적인 존재로 승화한 경우(토템)도 있고, 사람의 몸에 붙어 나타나는 경우(반인반수)도 있고, 신들의 조력자로 표현되는 경우도 있다. 이를 다시 크게 나누면 상상 속의 동물과 실제인 경우로 가를 수 있다.

인도 신화도 마찬가지다. 주로 상징이나 탈것이 되는 경우가 많은데, 대표적으로는 시바 신의 탈것인 난디Nandi를 들 수 있다. 난디는 유해교반乳海攪拌에서 탄생한 암소 스라비의 아들이다. 난디는 시바 신을 해치기 위해 코끼리로 변신해서 온 닐라를 간파할 정도로 총명한

청사자를 타고 있는 문수보살(파주 보광사)

동물로, 거의 모든 시바신전 앞에는 난디의 상이 모셔져 있다. 농경문화에서 중요시 여기던 소가 시바 신을 통해 신성을 확보한 것으로 이해할 수 있다.

비슈누는 가루다Garuda라는 금시조를 탄다. 금시조는 붉은 날개를 가진 새의 왕으로, 용을 잡아먹으며 몸의 크기를 자유자재로 조절할 수 있다. 금시조의 위력이 대단했기 때문에 비슈누와 계약을 통해서 탈것이 되었다고 한다. 신과 계약을 통한 탈것이라니, 인도인들의 상상력이 무척 재미있다. 독사가 많은 인도에서는 독사의 천적인 새 토템이 강력했고, 이것이 비슈누 신과 결합된 것으로 이해된다.

불교에서 제석천으로 번역되는 인드라 신은 여섯 어금니를 가진 흰 코끼리를 탄다. 이를 용과 같은 권능을 가진 코끼리라는 뜻에서 용상龍象이라고 한다. 코끼리는 인도에서 군왕이 타던 동물이다. 인도신화의 최고층最古層에서 인드라는 제우스와 같은 신들의 왕이므로 코끼리를 타는 것으로 등장한다.

가장 흥미롭고 재미있는 것은 코끼리 신인 가네샤의 탈것인 쥐다. 쥐가 코끼리를 타는 것이 아니라 코끼리가 쥐를 탄다는 것은 설정 자체부터가 우스꽝스럽다. 이 쥐는 가네샤가 물리친 마족을 변신시킨 것이라고 전한다.

인도와 달리 중국에서는 탈것이 발달하지 않았다. 그럼에도 노자가 푸른 소인 청우를 탄다거나, 관우가 은색 말인 은마를 탄다는 신화가 전해진다. 노자가 푸른 소를 타고서 서쪽의 함곡관을 나서는 것은 회화의 소재로도 많이 차용된다. 우리나라에서는 겸재 정선의 〈청우

출관도〉가 유명하다. 또 관우는 『삼국지』에서 적토마를 타는 것으로 나오지만, 전쟁의 신으로 추앙되면서는 그에 걸맞은 신성한 말인 은마로 대체된다.

청사자를 타는 문수보살

인도문화에서 특정한 신이 특정한 동물을 탄다는 설정은 부처님에게는 해당되지 않는다. 수행자가 동물을 탄다는 것은 적절하지 못하기 때문이다. 석가모니 부처님과 관련해서는 태몽에서 나타나는 여섯 어금니를 가진 흰 코끼리나, 첫 설법과 관련된 사자(사자후)가 있음에도 이것이 탈것으로는 발전하지 않는다. 그러나 대승불교의 재가주의가 대두하면서 보살들에게는 인도신화의 탈것이라는 측면이 수용된다. 또 여기에는 보살이 인간을 보살펴 주기 위해서는 보다 빠르고 효율적인 수단이 필요하다는 측면도 작용했을 것이다.

문수보살은 상징 색이 청색이다. 동자의 모습으로 표현될 때는 청의동자이며 칼도 청색, 탈것인 사자도 청색이다. 푸른색은 더운 인도에서는 시원함을 상징하며 지혜를 상징하기 때문이다. 『화엄경』「보살주처품」에는 문수보살이 거주하는 곳 역시 청량산으로 되어 있다.

문수보살의 탈것인 사자는 무리를 이루어 효율적인 사냥을 하는 것으로 알려져 있다. 인도인들은 이것을 보면서 사자가 강력하면서도 지혜로운 동물이라고 판단했을 것이다. 이와 같은 지혜의 이미지가 연결되어 문수보살이 타는 동물이 청사자가 된 것이다. 즉 문수는 지혜의 푸른 검을 들고 청사자를 탄 청의의 보살인 셈이다.

흰 코끼리를 타는 보현보살

보현보살은 여섯 개의 어금니를 가진 흰 코끼리를 타고 있다. 지혜를 상징하는 문수보살에 대당해 실천을 상징하는 보현보살에게 코끼리 이미지는 잘 부합한다. 또 보현보살은 백색으로 상징된다. 하지만 문수보살이 입을 것과 탈것이 모두 청색으로 표현되는 데 비해, 보현보살은 탈것인 코끼리는 흰색으로, 입고 있는 옷은 적색으로 표현된다. 즉 흰 코끼리 위에 올라탄 적의赤衣의 보현인 셈이다.

청색의 반대는 우리나라의 태극기에서와 같이 백색이 아닌 적색이다. 그러므로 서로 대對를 이룸에 있어서 보현보살은 적색을 사용하게 되는데, 이는 음양론에 따른 것이다. 그러나 보현보살의 코끼리는 흰색이다. 사실 동아시아 전통에는 청백전이라는 것도 있다. 즉 백색

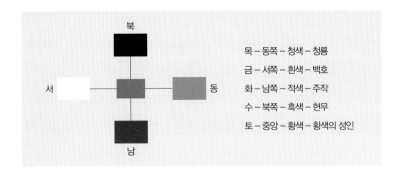

목 – 동쪽 – 청색 – 청룡
금 – 서쪽 – 흰색 – 백호
화 – 남쪽 – 적색 – 주작
수 – 북쪽 – 흑색 – 현무
토 – 중앙 – 황색 – 황색의 성인

이 청색의 반대라는 개념도 존재하는데, 이는 오행에서 목-청과 금-백의 상극관계에 의한 것이다. 오행의 원칙에 의한 것이 바로 청백전이라는 말이다. 이런 청백의 조화는 불교 안에서도 살펴진다. 불국사의 진입로인 청운교와 백운교 등이 대표적이다.

　　우리는 문수와 보현의 상응관계를 통해서 고대 동아시아의 두 가지 원칙인 음양론과 오행론을 함께 읽어 볼 수 있다(보현보살의 코끼리가 흰색인 것은 인도문화에 우리의 백호와 같은 개념이 존재하기 때문이다. 여기에서는 청사자와 대칭되는 백상의 동아시아적 의미를 부각해 해석한 것이다).

지장보살과 함께하는 선청

　　동물과 함께 등장하는 보살의 진정한 시원은 지장보살이다. 지금까지의 존상과 동물의 위치는 다분히 탈것이라는 요소가 강했다. 그러나 지장보살의 선청善聽은 정체가 개이기 때문에 탈것이 될 수 없다. 만일 개가 탈것이 된다면, 가네샤가 쥐를 타는 것만큼이나 우스운 상황이 연출될 것이다.

　　지장보살의 곁에 있는 동물이 개가 되는 것은 인도나 중앙아시아 불교와 관련된 것이 아니다. 신라의 왕자 출신으로 중국 안후이 성 구화산에서 높은 수행을 성취해 육신이 썩지 않아 등신불이 되신 분이 바로 김지장(혹은 교각) 스님이다. 중국불교에서는 이분을 기려 지장보살의 현신으로 추앙하는데, 지장보살 하면 으레 김지장 스님을 떠올린다. 이렇게 해서 구화산은 문수-오대산, 보현-아미산, 관세음-보타낙

가산과 더불어 지장보살의 성산으로 거듭나게 된다. 이를 소위 중국 불교의 4대 성산이라고 일컫는다.

그런데 김지장 스님이 경주에서 중국으로 건너갈 때 개를 한 마리 데리고 갔는데, 이 개의 이름이 바로 선청이다. 선청은 매우 용감하고 충직한 개로 구화산에서 수행하는 지장 스님에게 많은 힘이 되었다. 이런 점에서 진정한 반려동물이라고 이를 만하다. 이 선청의 정체가 일반적으로는 천연기념물 제368호로 귀신 쫓는 개라는 별명을 가진 경북 경산의 삽살개(삽살이)라고 한다. 그러나 일부에서는 경주의 사냥 견 동경개(동경이)라는 주장도 있다.

고려불화의 지장보살도에는 김지장 스님과 선청이 묘사된 그림이 두 점 남아 있다. 일본 가마쿠라[鎌倉] 시의 엔카쿠지[円覺寺] 소장 〈지 장보살도〉와 독일 베를린 동양미술관 소장 〈지장시왕도〉가 그것이다. 그런데 미술사를 하는 사람들 중 김지장 스님과 관련된 내용을 잘 모 르는 분들은 고려불화에서 발견되는 동물을 개라고 판단하지 못한다. 설마 개가 고려불화에 있겠느냐는 편견 때문이다. 그 결과 이 동물을 금색 털을 가진 사자라는 의미에서 금모사자라고 명명한다. 이는 둔 황에서 발견된 당나라 때의 문헌인 「환혼기還魂記」에 사후세계에는 문 수보살의 현신인 사자가 있다는 내용에 따른 것이다. 이 사자가 종교 적으로 승화된 것이 바로 금색사자다.

지장보살의 좌우보처 중 좌보처로 등장하는 도명존자道明尊者 역시 김지장 스님의 수제자로 실존했던 스님이다. 도명이라는 법명은 「환혼 기」에도 등장한다. 즉 중국 지장신앙과 관계에서 김지장과 「환혼기」 사

이의 팽팽한 힘겨루기가 존재하는 셈이다. 또 중국불교에서는 우보처
인 무독귀왕無毒鬼王을 도명존자의 아버지인 민공으로 이해하기도 한
다. 이런 점을 통해서 본다면, 지장신앙과 관련해서 김지장 스님의 영
향은 상당하다는 것을 알 수 있다.

26.

염라대왕은
왜 절에 계실까

인도의 신 야마와
염라대왕

시왕도(제오염라왕, 고려 시대)
그림의 우측 아래쪽에 옥졸이 죄인을 업경대에
비추는 모습이 표현되어 있다.

인도는 먼 나라다. 비행기가 무시로 다니는 요즘도 마찬가지다. 거리로만 그런 것이 아니라 정신적으로는 더 먼 곳일지도 모른다. 인도보다 더 먼 시간을 비행해야 하는 유럽은 그리스·로마 신화부터 희랍철학과 관련된 지식 그리고 피렌체의 르네상스까지 비교적 소상히 알고 있다. 그러나 인도에 대해서는 불교와 요가 외에는 달리 아는 것이 없다.

하지만 고래古來로부터 인도, 특히 인도의 불교문화가 우리 문화에 끼친 영향력은 막대하다. 신라는 계戒를 나타내는 시라Sila에서, 수도 서라벌※이라는 이름은 부처님 당시 코살라국의 수도였던 슈라바스티Sravasti서 유래했다는 건 이제 많은 사람들이 알고 있다. 가야는 아예 나라 이름 자체가 부처님이 깨달음을 얻은 부다가야Buddha Gayā에서 따온 것이다.

지명이나 인명 외에 생활 용어나 풍습에서까지 우린 인도문화의 흔적을 찾아볼 수 있다. 부엌에 불을 때기 위해 만든 구멍인 아궁이

※ 서라벌

서라벌의 유래와 관련해서는 쇠벌의 한자 음차라는 관점도 있다. 쇠벌이란, 금속을 나타내는 쇠와 땅을 나타내는 벌이 결합된 것이다.

업경대(조선 시대)
염라대왕이 죄인을 비추어 본다는, 명부에 있는 거울이다.
살아생전의 선악이 비처 보인다고 한다.

❈ 리그베다RigVeda

고대 인도 브라만교의 근본 경
전 가운데 하나이다. 여러 신
들에 대한 운문으로 된 찬가
와 기도문으로 기원전 1,800
년~1,500년 경 성립되었다.
2007년에 유네스코 세계 기록
유산으로 지정되었다.

❈ 카스트Caste 제도

백인 유목민인 아리안족이 흑
인 원주민인 드라비다족과 문
다족을 정복하는 과정에서 발
생한 신분제도이다. 크게는 성
직자 계급인 브라흐만, 왕족과
귀족 집단인 크샤트리아, 평민
계급인 바이샤, 천민집단인 수
드라로 나뉜다. 이 안에서 다
시 무수한 하위 카스트가 있는
데 최하층 계급이 바로 불가촉
천민이다. 카스트라는 말은 포
르투칼인들이 인도의 독특한
신분제도를 보고 붙인 명칭으
로 포르투칼어 카스타Casta에
서 유래했다. 때문에 인도인들
은 카스트라고 하지 않고 피부
색을 나타내는 바르나Varna라
고 한다. 현재 카스트제도는 법
적으로 폐지되었고 근대화와
교육의 영향으로 점차 약화되
고 있다. 그러나 아직까지도 인
도인의 일상에 큰 영향을 미치
는 사회 관습이다.

라는 단어도 인도 불의 신 아그니Agni에서 유래됐다는 사실은 아시는
지? 아그니는 『리그-베다』❈의 첫 번째 찬가의 주인공으로 어둠을 밝
혀 사람들에게 번영을 가져다주고 인간 사회를 보호·후원하는 신이
다. 단어뿐만이 아니다. '문지방을 밟으면 복 달아난다.'는 어른들의 가
르침은 문지방에 집을 지키는 신이 산다는 인도인들의 믿음이 변형된
것이다. 또 '발가락의 때만도 못한 놈'이라는 표현도 인도 카스트 제
도❈에서 최하층의 불가촉천민을 발가락에 비유하는 것과 관련된다.

　물론 이런 지명이나 생활 용어 그리고 풍습은, 대부분 인도에서 직
접 전해진 것이 아니라 중국을 거쳐 우리나라에 정착된 것이다. 그렇
지만 인도문화가 고래부터 우리 문화에 많은 영향을 줬음을 부정할 수
는 없다. 이런 영향 가운데 하나가 바로 염라대왕이다.

염라대왕을 수용하는 불교

　불교를 타고 동아시아로 전래된 인도의 전통문화 중 가장 파급효
과가 컸던 것은 염라대왕閻羅大王이다. 염라의 인도식 명칭은 야마Yama
다. 야마는 동아시아로 오면서 염마閻魔가 되었다가 염라로 정착된다.
인도의 『리그-베다』에 따르면 야마는 『성서』 속의 아담처럼 최초의
인간이다. 가장 먼저 존재한 인간이기 때문에 당연히 가장 먼저 죽게
되고, 죽은 후 자신만 있는 사후세계에서 왕을 칭하며 심판관의 역할
을 하기에 이른다.

　크게 이렇다 할 이야기 구조가 없음에도 염라대왕이 동아시아 전

통에 엄청난 영향을 미치게 된 것은, 불교가 전래하기 전 동아시아에서는 사후세계를 완비하지 못한 것과 관련이 있다.

특징적인 것은 염라대왕은 불교가 아닌 인도신화 속 인물이라는 점이다. 즉 엄밀하게는 불교가 아닌 것이다. 불교에 사후세계와 관련된 논리가 없는 건 아니다. 중음, 윤회, 지옥이나 극락 등을 통해서 어느 종교보다 사후세계에 대해 잘 정리하고 있다. 하지만 염라대왕이라는 강력한 심판관의 이미지에 비해, 이는 일반인에게는 무척 어렵게 다가왔을 것이다. 이로 인해 사후세계와 관련해서는 염라대왕에게 완전히 휩쓸리는 양상이 나타나게 된다. 이런 이유들로 종교를 초월해, 동아시아에서 염라대왕은 강력한 영향력을 확보하게 된다.

시왕전과 지장보살

염라대왕의 인기는 폭발적이었다. 중국 여러 지역의 산만한 사후세계 구조들을 흡수하면서, 급기야 당나라 말에는 염라대왕을 중심으로 하는 십대왕十大王으로 체계를 갖추게 된다. 이를 시왕十王이라고 하는데, 이들을 모신 전각을 시왕전十王殿이라고 한다. 십대왕은 각각 제1전의 진광秦廣대왕, 제2전의 초강初江대왕, 제3전의 송제宋帝대왕, 제4전의 오관五官대왕, 제5전의 염라閻羅대왕, 제6전의 변성變成대왕, 제7전의 태산太山대왕, 제8전의 평등平等대왕, 제9전의 도시都市대왕, 제10전의 오도전륜五道轉輪대왕이다. 십대왕의 앞에는 각기 제1전과 같은 전각의 명칭이 붙어 있다. 이는 이들이 전각만을 달리해서 거주하는 연합된 존재라는 것을 의미한다.

불교에서는 윤회하는 저승의 중간[中陰] 기간으로 49일을 말한다. 이와 달리 유교에서는 3년 탈상을 주장하고 있다. 시왕은 이러한 양자를 적절히 혼합한 중국적인 완성이다. 그래서 시왕 열 분은 각각 초7·이7·삼7·사7·오7·육7·칠7의 일곱 번 49일에, 100일제와 1년이 되는 기년제(소상) 그리고 3년 탈상(대상)까지 모두 열 번에 걸쳐 죽은 이를 심판한다. 요즘과 같은 3심제가 아닌 10심제 판결인 것이다.

십대왕 중 염라대왕 말고 정체가 분명한 것은 태산대왕과 오도전륜대왕이다. 태산대왕은 태산부군이라고도 하는, 산둥성 태산에 사는 사후세계의 담당자이다. 우리가 흔히 '티끌 모아 태산'이라거나 '태산이 높다 하되 하늘 아래 뫼이더라'고 할 때의 태산이 이 태산이다. 중국 사람들은 전통적으로 이 산을 숭배해서, 이 산속에 사후세계가 있다고 생각했다. 태산의 사후세계 주관자가 바로 태산부군이다. 이 태산부군이 시왕으로 수용되면서 태산대왕이 된다. 오도전륜대왕은 6도윤회 중 지옥이 빠진 5도를 주관하는 시간의 수레바퀴인 칼라차크라[時輪]를 담당하는 분이다. 다른 대왕들과는 달리 무관 복장을 입고 시간의 수레바퀴를 돌리고 있다.

시왕전은 또 지장보살과도 연관된다. 우리 인간에게 중요한 것은 열 번의 심판이 아니라 지옥에서 구제되어 하늘과 같은 좋은 세상에 태어나는 것이다. 그러므로 불교적인 관점에서 사후세계의 구제자인 지장보살과 시왕이 연결되는 것은 당연하다. 그래서 시왕전에는 언제나 지장보살이 중심에 모셔지고, 그 좌측에 홀수 시왕이, 우측에는 짝

수 시왕이 모셔지게 된다. 이렇게 홀짝으로 번갈아 가면서 모셔지는
것을 소목법昭穆法이라고 한다. 시왕전에서는 지장보살이 중심이 되기
때문에 이를 지장시왕전이라고도 한다. 또 지장전 안에 시왕이 모셔
지는 경우도 있다. 염라대왕의 인기는 여러 자잘한 사후세계 문화를
흡수해서 중국문화적인 구조에 적합한 시왕으로 증광되고, 이는 다시
금 불교와 관련해서 지장보살로 완성된다.

현왕여래現王如來

사찰에는 간혹 현왕도라는 불화가 모셔져 있는 경우가 있다. 이곳

현왕도(조선 시대)

을 현왕단이라고 하는데, 이때 모셔지는 주인공은 현왕여래다. 현왕여
래는 존상의 성격이나 불화의 구조상, 필요에 의해서 염라대왕이 불교
적으로 변형된 것으로 판단된다. 마치 북극성이 도교에서는 자미대제

가 되고 불교에서는 치성광여래로 수용되는 것과 유사하다고 하겠다.

십대왕이 7·7 49재의 일곱 번과 100제·소상·대상을 담당한다면, 현왕여래는 이러한 구조의 틈새시장이라고 할 수 있는 삼우제에서의 심판관이다. 삼우제는 우제의 세 번째를 이르는 것으로, 장사 지낸 날 지내는 제사를 초우, 다음날 지내는 제사를 재우, 셋째 날 지내는 제사를 삼우라고 한다. 이때는 무덤에 다시 찾아가서 성묘하고 분묘가 산짐승들에 의해 훼손된 부분은 없는지를 아울러 살핀다. 삼우제란 새로 매장한 분묘의 완성이라는 의미를 가진다.

현왕여래는 삼우제의 주재자이다. 『주자가례』 등에서 삼우제의 역할이 강조되면서, 후일 염라대왕을 기본으로 해서 만들어진 것으로 판단된다. 다시 말하면 삼우제에 대한 요청이 사찰에 빈번해지자, 삼우제 의식과 관련해서 현왕여래와 현왕단이 만들어졌다는 말이다. 이런 점에서 본다면, 현왕여래는 염라대왕을 기초로 해서 불교 내적인 필요에 의해서 만들어진 지극히 동아시아적인 존상이라고 하겠다.

현왕여래의 좌우보처는 대륜성왕大輪聖王과 전륜성왕轉輪聖王이다. 대륜성왕과 전륜성왕은 인도인들이 생각하는 세계를 정복하는 덕치군주이다. 이상적인 군주상인 것이다. 이들을 현왕여래가 거느리고 있다는 것은, 현왕은 이들보다도 더 수승한 이 세계와 명계를 아울러 관장하는 왕이라는 의미이다. 다시 말하면 새로 죽은 영혼은 이 세계의 끝과 저 세계의 시작에 맞물려 있으므로, 현왕에게는 이와 같은 속성이 부여되고 있는 것이다. 그렇다면 현왕여래는 염라대왕을 기초로 하기는 하였지만, 염라대왕과는 조금 다른 존재라는 것을 알 수 있다.

꧁ 주자가례朱子家禮
주자가 찬술했다는 유교적인 예법에 관한 서적으로 고려 말에 주자학의 전래와 함께 전해져 조선에서 큰 영향력을 미친다. 그러나 현대적인 연구에 따르면 아이러니하게도 이 책은 주자의 저작이 아니라, 다른 사람이 주자의 이름을 빌려 편집한 것이라는 주장이 유력하다.

27.

불보살도 시대에 따라
'유행'이 있었다

시대에 따른
신앙의 변천과 불상 조성

230
사찰의 비밀

금동반가사유상(삼국 시대)

유일신교에서는 어쨌든 종교를 바꾸지 않는 한 믿음의 대상을 바꿀 수 없다. 다른 선택권이 없는 것이다. 하지만 불교에서는 숭배 대상에 수천수만의 다양한 불보살이 있다. 특정한 불보살을 취한 불교 종파가 생겨나기도 했고, 이를 통해 전체를 이해하는 방식을 취하기도 한다. 요즘도 마찬가지다. '관음기도 도량'이나 '지장기도 도량'이라는 수식어를 갖다 붙인 곳도 있고, '미륵성지'나 '나한기도처'라는 명칭도 종종 볼 수 있다. 물론 이는 어떤 역사나 영험을 가진 곳에만 붙을 수 있는 이름이다.

하지만 한 법당 안에서도 서로 다른 부처님이나 보살의 이름을 부르기도 한다. 몇 년 전 서울 조계사 대웅전에 석가모니불을 중앙에 그리고 좌우에 각각 약사여래불과 아미타불을 새로 모셨는데, 유독 약사여래불 앞에만 혹은 아미타불 앞에만 앉아 있는 신도를 종종 보곤

중국 저장성 설두산의 포대화상
중국에서는 부귀를 가져온다고
해서 무척 인기 있는 불상이다.

한다. 이렇게 불교 신자들은 각개약진을 하는 것 같지만 신앙에도 '유행'이라는 것이 있다. 시대적 상황이나 인물에 따라 이런 유행은 나타났다 사라지기를 반복했다.

사회 문화적 격변이 있을 때마다 유행한 미륵신앙

미륵은 석가모니 부처님이 열반하시고 중간에 공백기를 거친 후 다음에 오는 미래의 부처님이다. 기독교로 말한다면 예수가 십자가에서 죽은 후 부활해서 승천한 뒤 공백기를 거쳤다가 재림하는 것과 유사하다. 그래서 미륵신앙을 기독교의 메시아사상과 비교하곤 한다.

미륵신앙은 특히 사회문화적으로 격변이 있을 때 유행하였다. 우리나라 역사에서는 크게 세 번 확인되는데, 첫 번째는 삼국 시대 말이고 두 번째는 후삼국 시대이며 세 번째는 구한말과 일제강점기다. 세 차례 모두 험난한 시기였던 동시에 새 시대에 대한 갈망이 강했을 때였다.

미륵신앙이 유행했던 첫 번째 시기는 신라 진흥왕이 전륜성왕이라는 불교의 이상군주를 표방하고 나왔던 시기와 일치한다. 이때에 황룡사가 창건되고, 이후 선덕여왕이 자장 율사의 건의를 수용해서 천하를 통일할 목적으로 80미터가 넘는 황룡사 9층목탑[※]을 건립한다. 한편 이 시기 백제에서는 성왕이 전륜성왕을 표방했으며, 이후 무왕은 황룡사보다 훨씬 큰 미륵사를 창건한다. 신라와 백제 모두 통일의 기운 속에서, 새 시대의 주인공이기를 꿈꿨던 군주들에 의해 미륵신앙이 일세를 풍미하게 된 것이다. 여기에 진흥왕의 아들인 진지왕 때에는 화랑까지도 미륵과 결부시킨 미륵선화나 용화낭도에 대한 이야기가 전해진다. 삼국통일의 여명기에 백제와 신라에 모두 미륵신앙이 크게 유행했던 것이다. 물론 마지막 승자는 신라였다.

두 번째로 살펴볼 후삼국 시기는 첫 번째와는 양상이 사뭇 다르다. 첫 번째 경우에서는 진흥왕이나 선덕여왕 또는 성왕이나 무왕이 미륵이 세상에 나올 때 세계를 다스리는 전륜성왕을 표방했다. 그러나 이 시기에는 '자칭 미륵'이 등장한다. 궁예와 견훤이다. 이제는 미륵을 요청하는 것이 아닌 스스로 미륵이 되고 있는 것이다.

하지만 고려와 조선을 거치며 미륵신앙은 전 세대처럼 강력한 형태로 불을 뿜지는 못한다. 마지막으로 미륵신앙이 그 힘을 발휘한 때는 일제강점기를 전후한 시기다. 동학도들이 선운사 마애불에서 비기를 꺼낸 이야기는 이미 잘 알려져 있고, 김제 모악산 금산사를 중심으로 시작된 강증산의 증산도 역시 비교적 많이 알려진 편이다. 강증산은 스스로를 미륵이라고 주장하며, 당시 우후죽순처럼 솟아오르던 민족 중심의 신흥종교에서 강력한 영향력을 발휘했다. 오늘날까지도 증산도나 대순진리회 등이 이러한 계보를 잇고 있다. 하지만 강증산은 미륵신앙을 '통한' 불교적 인물이 아니라 '신흥종교'의 창시자로 봄이 더 타당하다.

아미타신앙의 유행

신라에 의한 삼국통일 전에 미륵신앙이 유행했다면, 통일 후에는

극락에서 설법하는 아미타불(조선 시대)

아미타신앙이 유행한다. 전쟁을 통한 통일이나 무력을 통한 왕조 교체 과정에서 죽은 사람들의 원혼을 달래기 위한 바람과 아미타신앙이 조화를 이뤘기 때문이다. 또 이미 통일된 상황에서 사회개혁적인 속성을 가진 미륵신앙이 유지되는 것은 지배 계급에게도 바람직하지 못하다. 그러므로 미륵신앙에 대한 지원은 점차 줄이고 극락이라는 이상 세계를 말하는 아미타신앙을 적극 후원하게 된다. 여기에 통일 과정에서 분열된 국론을 수습하여 새로운 이상을 제세해야 할 필요를 요청받게 되는데, 이런 점에서도 아미타신앙이 적합했다.

아미타신앙은 아미타불이 관장하는 이상세계인 극락세계※에서, 모든 즐거움과 깨달음을 얻게 된다는 내용이다. 불교 역시 기독교와 같이 천당이나 하늘세계를 말한다. 그러나 이러한 세계는 물질이나 욕망만이 충족되는 불완전한 세계라고 주장한다. 이는 불교의 목적이 하늘세계에 태어나는 것이 아니라, 깨달음을 얻어서 완전한 열반을 증득하는 것이기 때문이다. 극락은 가장 환경이 좋은 아미타불의 세계이기 때문에 즐거움과 깨달음이 동시에 존재한다. 그러므로 불교에서는 천상세계가 있어도 주로 극락을 이상향으로 말하게 되는 것이다.

약사신앙, 관음신앙, 지장신앙

석가모니 부처님에 대한 신앙은 어느 시대 어느 지역을 막론하고 꾸준한 인기를 누렸다. 불교의 교조이니 당연하였으리라. 이에 못지않은 인기를 누린 게 약사신앙이다. 의학이 발달하지 못한 시기에 질병의 고통은 한 개인이 지기에는 너무 무거운 짐이었다. 이런 연유로 약사신앙은 비교적 긴 기간에 걸쳐 광범위하게 퍼져 있었다.

하지만 이러한 약사신앙도 특별히 더 유행한 적이 있다. 우리나라의 경우 크게 두 번 관찰된다. 첫 번째는 삼국통일 직후이다. 전쟁 후 통일되고 나서는 죽은 이들과 관련해서 아미타신앙이 유행했다. 하지만 전쟁이 있었는데 사망자만 있었겠는가. 사망자보다 더 많은 부상

※ 극락세계
극락을 많은 사람들은 사후세계라고 생각한다. 그러나 극락은 우리 세계와 같은 수평 세계이다. 다만 서쪽으로 너무 멀리 떨어져서 일반인으로는 갈 수 없기 때문에 윤회라는 재생의 과정을 통해서 극락에서 다시 태어나는 극락왕생極樂往生의 방식을 취하게 되는 것이다.

강화도 보문사 마애불
서해의 보문사는 남해의 보리암, 동해의 낙산사 홍련암과 더불어 3대 관음기도처로 꼽힌다.

자와 장애인이 생겼을 것이다. 이 사람들이 약사신앙을 유행시킨 주체였다. 두 번째는 조선 후기 역병이 창궐했던 때이다. 조선 말에 이르면 인구는 늘었지만 주거환경은 전 시대에 비해서 크게 나아지지 않았다. 이런 이유로 비위생적인 상황에서 역병이 창궐하는 일이 빈번해진다. 자연스럽게 약사신앙이 요청됐던 것이다. 그러나 약사신앙은 현대로 들어와서 합리적인 의료체계가 확립되면서는 급격히 쇠퇴하는 양상을 보이고 있다.

이외에 또 꾸준한 신앙으로는 관세음신앙과 지장신앙을 들 수 있다. 관세음보살은 현실 속의 문제를 해결해 주는 분이며, 지장보살은 사후의 안락을 위해서 필요한 분이다. 이분들은 누구나 만날 수밖에 없는 문제의 해결과 관련된다는 점에서 오늘날까지도 꾸준한 인기를 구가하고 있다. 실제로 현재까지 사찰에서 중요하게 여기는 매달의 종교행사에서, 음력 24일의 관음재일과 음력 18일의 지장재일 기도가 큰 비중을 차지한다.

또 대웅전에서 기도하면서 불보살의 명호를 부를 때에도 '관세음보살'을 부르는 것이 일반적이다. 사극에서 스님 역할을 맡은 배우가 '나무아미타불 관세음보살'이라고 읊조리는 모습을 자주 보게 되는데, 실제 '관세음보살'은 잘 부르지만 나무아미타불은 잘 하지 않는다.

28.

부처님도 자기만의
'구역'이 있다

불상의
위치

부석사 괘불(조선 시대)
중앙 하단부에는 영축산靈鷲山에서 설법하는 석가모니불이
모셔져 있다. 그 위에 세 분의 부처님이 나란히 배치되어 있는
데, 중앙에 비로자나불 좌우에 각각 동쪽 세계의 약사불과 서
쪽 극락세계의 아미타불이 모셔져 있다.

238
사찰의 비밀

불교의 목적은 깨달음을 얻는 것이다. 그런데 이 깨달음이 오직 한 사람에게만 주어진다면 불교 신앙은 성립되지 않는다. 그렇기 때문에 불교에는 깨달음을 얻은 수많은 부처님이 존재한다. 이들이 존재하는 곳은 다양하다. 시간적으로는 과거·현재·미래의 삼세에 존재하며, 공간적으로는 동서남북 4방四方과 4유四維 그리고 상上·하下의 시방에 걸쳐 있다.

불교의 시간론은 독특하다. 크게 3겁으로 나누어지는데 "인간의 수명人壽이 8만4천 세 때부터 백 년을 지닐 때마다 1세씩 줄어들어 인간의 수명이 10세에 이르고, 여기서 다시 백 년마다 1세씩 늘어나서 인간의 수명이 8만4천 세에 이르며, 이렇게 1증增 1감減 하는 것을 20회 되풀이하는 동안, 곧 20증감增減 하는 동안에 세계가 성립되고[成], 다음 20증감 하는 동안에 머물러[住] 있고, 다음 20증감 하는 동안에 무너지고[壞], 다음 20증감 하는 동안은 텅 비게[空] 된다. 이렇게 세계는

문경 대승사의 사면석불 ❀

❀ 사면석불

사면불은 사방불이라고도 하는데, 동·서·남·북에 위치한 여러 세계 속의 부처님을 상징하는 조형이다.

성成·주住·괴壞·공空을 되풀이하니, 이 성·주·괴·공의 4기期를 대겁大
劫이라 한다."(『구사론俱舍論』「분별세품分別世品」)

복잡하지 않은가? 여하튼 시간의 주기는 대겁마다 과거겁, 현재
겁, 미래겁으로 나눌 수 있는데 각 겁에는 각각 1천 분의 부처님이 출
현하시는 것으로 되어 있다. 즉 1천 부처님이 출현하시는 것이 불교
에서는 한 시간대의 단위인 셈이다. 참고로 과거의 대겁을 장엄겁莊嚴
劫, 현재의 대겁을 현겁賢劫, 미래의 대겁을 성수겁星宿劫이라고 경전에
서는 말한다.

그런데 시간적으로는 여러 부처님이 순차적으로 계시지만 공간적
으로는 여러 부처님이 한 공간에 동시에 존재해서는 안 된다는 원칙
이 있다. 부처님의 '존엄성' 확보와 관련된 원칙이다. 그래서 하나의 삼
천대천세계 안에는 한 부처님만이 계신다고 설정한다. 한 부처님의 구
역이 곧 삼천대천세계인 것이다. 삼천대천세계라는 개념은 설명하기
가 좀 복잡한데, 아주 간단히 설명하면 이렇다.

우리가 사는 지구를 한 세계라고 규정할 때, 이런 지구와 같은 행
성이 1,000개 모이면 소천세계가 된다. 그리고 소천세계가 1,000개 모
이면 중천세계가 되고, 중천세계가 1,000개 모이면 대천세계가 된다.
이 과정에서 1,000이 세 번 곱해지기 때문에 삼천대천세계라고 하는
것인데, 지금 식의 계산으로 환산해 보면 1,000×1,000×1,000 = 10억
세계라고 하겠다. 즉 공간적으로는 10억 세계마다에 한 부처님이 출
현하시는 것이다. 이렇게 보면 불교에서 말하는 부처님은 진짜 존귀한
분이며, 동시에 만나기 어려운 분이라는 것을 알 수 있다.

〈불교의 시간론 : 삼겁 삼천불〉

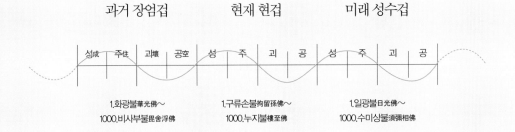

과거 장엄겁   현재 현겁   미래 성수겁

| 성成 | 주住 | 괴壞 | 공空 | 성 | 주 | 괴 | 공 | 성 | 주 | 괴 | 공 |

1.화광불華光佛~   1.구류손불拘留孫佛~   1.일광불日光佛~
1000.비사부불毘舍浮佛   1000.누지불樓至佛   1000.수미상불須彌相佛

〈불교의 공간론 : 삼천대천세계〉

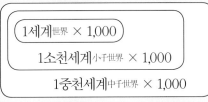

1세계世界 × 1,000
1소천세계小千世界 × 1,000
1중천세계中千世界 × 1,000

1대천세계大千世界 = 삼천(3×1,000)대천세계

삼세불과 삼계불

우리는 흔히 세계世界라는 표현을 사용한다. 그러나 세계라는 한자
는 시간을 나타내는 '세世'와 공간을 의미하는 '계界'가 결합된 것이다.
시간과 공간이 결합된 글자가 세계인 셈이다. 불교는 시간적으로나 공
간적으로 여러 부처님의 존재를 말한다. 즉 많은 부처님이 존재한다는

다불多佛사상인 것이다. 그러나 전각에 모실 때 이분들을 모두 모실 수는 없다. 그래서 시간적인 관점에서 선별해 모시기도 하고, 공간적인 관점을 기준으로 선택해서 모시기도 한다.

먼저 시간과 관련해서 부처님을 모시는 경우는 세 가지가 있다. 첫째는 현재 현겁의 천불만을 모시는 경우다. 이럴 때는 전각 명칭을 천불전이라고 한다. 둘째는 삼세삼천불을 모두 모시는 경우다. 이때는 전각 명칭이 삼천불전이 된다. 셋째는 중요한 세 분만 선별해서 모시는 경우다. 이를 삼세불이라고 한다. 삼세불은 과거의 제화갈라보살과 현재의 석가모니불 그리고 미래의 미륵보살이다. 여기에서 제화갈라보살은 연등불의 보살 명호이다.

석가모니불은 연등불에게 부처님이 되리라는 약속인 수기를 받게 된다. 석가모니 부처님은 당신이 깨달음을 얻은 뒤에는, 바라나시의 사르나트에서 미륵에게 부처님이 될 것이라는 수기를 준다. 오늘날 다메크 스투파가 건립되어 있는 곳이 바로 그 장소이다. 더러 이곳을 석가모니 부처님이 처음으로 가르침을 베푼 곳으로 알고 있지만, 그 자리는 조금 떨어진 다르마자리카 스투파가 건립되었던 장소이다. 그러나 이 탑은 1794년 힌두교도였던 바라나시의 영주와 신하들에 의해서 완전히 해체되어, 지금은 직경 13미터 정도의 원형 기단만 남아 있을 뿐이다.

석가모니불을 중심으로 좌측에 미륵보살과 우측에 제화갈라보살을 배치하는 것을 삼세불이라 하고, 수기와 관련된다고 해서 '수기삼존授記三尊'이라고도 한다. 이러한 삼존을 모신 전각은 영산전이나 나한전이 된다. 그런데 특이하게도 대웅전임에도 불구하고 이와 같은 삼존을 모신 곳이 있다. 바로 불국사 대웅전이다. 연유를 알 수는 없으나 무척 흥미롭다.

다음으로 삼계불은 중앙을 중심으로 동서를 대표하는 부처님을 함께 모시는 경우이다. 중앙에 석가모니불, 좌측에 동방 약사여래불 그리고 우측에 서방 아미타불이 모셔진다. 이와 같은 전각을 세 분의 부처님을 모셨다고 해서 위계를 격상시켜 특별히 대웅보전이라고 한다. 방위가 동서로 전개되는 것은 사찰은 남북을 축으로 하는 남향을 취하기 때문이다. 그러므로 중심축선 안의 전각 내 존상 배치는 남북은 불가능하고 동서만이 가능하게 된다.

삼세불과 삼계불 구조에는 조심해야 할 사항이 있다. 그것은 여기에 등장하는 좌우의 양상은 일반적인 좌우보처럼 위계 순서가 아니라는 점이다. 삼세불은 '서쪽을 과거'로 해서 '중앙의 현재'와 '동쪽의 미래'가 배치되는 구조이다. 시간의 순서에 의한 배열인 셈이다. 삼계불도 동서라는 방위에 따른 배치이므로 좌우보처의 측면과는 무관하다. 이는 일반적인 불상의 배치 기준과는 다르다. 즉 동일하게 좌우에 배치되어 있다고는 하더라도 관점의 기준이 완전히 다른 것이다.

사방불

기독교의 세계관에서 지구는 전 우주의 중심이어야만 한다. 왜냐하면 여호와의 독생자가 내려오는 장소로 우주의 변방은 맞지 않기 때문이다. 그러나 불교에서는 우리가 사는 지구가 전 우주라는 관점에서 볼 때 북쪽에 치우쳐져 있다고 생각한다. 그래서 전 우주를 중심으로 하는 네 방위를 정하고, 그에 따른 대표적인 부처님 배치에서 석가모니불은 북방을 담당하게 된다.

불교에서는 공간적으로 많은 부처님을 상정하기 때문에 동서남북의 방위에 따른 대표 부처님을 상정해 보는 것도 충분히 가능하다. 이를 사방불이라고 한다. 사방불은 동방의 아촉불과 남방의 보생여래, 그리고 서방의 아미타불과 북방의 불공성취여래(또는 석가모니불)를 가리킨다. 방위에 따른 각각의 구역이 있는 것이다.

사찰의 전각은 동서로 길이가 긴 장방형 구조를 취하고 있기 때문에 사방불이 묘사되는 경우는 없다. 그러나 거대한 목탑이나 네모난 석탑에 불상이 조각되는 경우에는 각 방위에 따른 사방불이 묘사되곤 한다. 또 큰 바위의 사면에 사면석불이 조각되는 경우도 있어, 이런 때에도 사방불과 관련된 이해가 가능하다. 대표적인 사면석불로는 유네스코 세계문화유산이기도 한 보물 제201호 경주 남산 탑곡 마애불상군과 보물 제121호로 지정된 경주 굴불사지 사면석불 및 문경 대승사 사면석불 등을 들 수 있다.

인간계에만 계시는 부처님

진리를 깨달으면 누구나 부처님이 되는 것이라면, 하늘세계에도 부처님이 계실 수 있겠다는 생각을 하게 된다. 그러나 불교는 인본주의

적인 종교이다. 그러므로 부처님은 오직 인간계에만 존재한다. 이것이 불교가 말하는 인간계가 신의 세계보다 더 위대한 점이다.

사람들은 아미타불의 극락세계는 죽어서 가는 사후세계가 아닌가 생각하곤 한다. 그러나 극락도 부처님의 세계이므로 우리와 같은 수평 공간대의 인간세계일 뿐이다. 다만 우리와 서쪽으로 아주 멀리 떨어진 이상세계라고 할 것이다. 예컨대 아프리카의 가난해서 꿈도 희망도 가질 수 없는 현실의 아이가, 노르웨이나 스위스 같은 선진국에 가서 살고 싶다고 생각했다고 하자. 그러나 항공료가 없기 때문에 이는 실행되지 않는다. 하지만 이 아이가 윤회론을 믿는다면, 죽어서 노르웨이나 스위스에 다시 태어난다는 생각이 가능할 것이다.

극락도 이와 같다. 너무 멀기 때문에 능력이 없는 사람들로서는 갈 수가 없을 뿐, 사후세계처럼 이 세계와 단절된 세계는 아니라는 말이다. 이 점은 불교의 이상세계를 이해하는 데 있어서 매우 중요하다. 왜냐하면 이는 유신론 종교와는 다른 불교만의 인본주의적인 가치를 잘 나타내 주는 측면이기 때문이다.

29.

소승불교의 이상 인격,
대승불교에서 추락하다

나한과
나한신앙

〈십육나한도〉(조선 시대)
〈십육나한도〉는 부처님 제자 가운데 신통력이 뛰어난 대표적인 16분의 제자를 그린 불화이다.
가로로 긴 화면에 5명의 나한을 그렸는데, 나머지 11명 부분은 현재 남아 있지 않다.

나한羅漢 또는 아라한阿羅漢은 산스크리트어 아르하트arhat를 음차한 것이다. 부처님의 제자 중 깨달음을 얻은 분을 지칭하는 단어다. 해서 초기불교와 소승불교(부파불교)에서는 '이상 인격'에 해당되었다.

초기불교 시대에는 부처님의 제자를 성문聲聞이라고 불렀다. 인도에서는 기원 전후가 되어서야 경전이 글로 옮겨졌기 때문에 그 이전의 공부 방법은 듣는 것뿐이었다. 성문이란 부처님의 가르침을 많이 들어서 터득한 분이라는 의미이다.

이 성문 제자는 다시 성취 정도에 따라서 수다원 · 사다함 · 아나함 · 아라한의 네 종류로 나뉜다. 이 중 수다원과 아라한의 개념이 중요한데, 실제로 초기 경전에도 수다원과 아라한에 대해서만 자세한 설명이 있다. 수다원이란 진리의 관점이 확립되는 것을 말하고, 아라한은 진리를 터득하는 것을 의미한다. 여기에서의 진리란 모든 것은 관계성에 의해서 규정되는 것으로 고유한 불변의 실체는 존재하지 않는다는 연기법이다.

이상 인격의 변화와 희화화

앞에서 아라한은 소승불교의 이상 인격이라고 표현했다. 바꿔 말하면 대승불교에서는 아라한이 더 이상 이상 인격이 아니라는 말이다. 대승불교에서 아라한 대신에 제시하는 이상 인격은 보살이다. 초기 경전에는 아라한에 대해 "저 제자는 나와 동등한 깨달음을 이루었다. 저 제자는 나와 동등한 신통을 성취했다. 저 제자는 나와 동등한 삼매

❀ 대지도론大智度論

2~3세기 초 용수 보살이 『대품반야경』 27권을 주석한 책으로, 모두 100권으로 되어 있다. 5세기 초의 구마라집이 한역한 것만이 전해지는데, 대승불교의 백과전서라고 할 수 있는 광범위한 문제를 다루고 있는 중요한 논서이다.

를 성취했다."며 부처님의 경지와 다름없다고 평가한다. 그러나 『대지도론』❀ 등 대승경전에서는 "(성문 제자들이) 비록 제도하기는 하나 적절히 제도하지 못한다. 왜냐하면 일체지가 없어 방편의 마음이 얇기 때문이다. 오직 보살만이 능히 여실하고도 교묘히 제도하나니, 사공의 일로써 비유하건대 한 사람은 공기주머니[浮囊]나 풀 뗏목으로 건네주고 한 사람은 큰 배로 건네주는 것 같다."며 보살을 아라한을 대체하는 이상 인격으로 위치시킨다.

이렇게 새로운 이상 인격이 제시됨으로 해서 아라한은 이상 인격에서 밀려나게 된다. 특히 이러한 인식은 대승불교가 주류를 이룬 동아시아 불교에서 두드러지게 나타난다. 이로 인해 나한은 신앙 대상이 가지는 정면 자세와 위엄보다는 자연스러운 산만함과 해학성을 지니게 된다. 등을 긁거나 팔을 길게 늘이는 것, 또는 호랑이나 학을 쓰다듬는 표현 등은 나한상이나 〈나한도〉에서만 볼 수 있는 재미있는 표현들이다. 나한의 구도와 자세에서는 일반적인 불교 존상에서는 나타나지 않는 자유분방함이 묻어난다.

나한에 대한 인식이 이 같이 변하는 것은 동아시아의 신선사상과 결합하면서다. 신선들은 탈속적인 자유로운 품격을 연출하는데, 이와 같은 양상이 불교의 나한신앙과 결합하게 된 것이다. 나한이 신선과 대등한 위치가 되면, 불교가 도교의 영향권에 파고 들어가는 힘이 강력해지는 동시에 도교는 불교에 비견될 수 없다. 이런 점에서 중국불교에서는 소승불교의 이상 인격인 나한을 신선과 의도적으로 섞은 것으로 판단된다. 이는 불교를 높이는 동시에 소승불교를 조롱하는 두 가지 목적을 동시에 이룬다는 점에서, 동아시아 대승불교에는 매우 긍정적이었다.

나한이 신선과 습합되었다는 것은 나반존자 신앙을 통해서도 분명하게 확인된다. 나반존자는 16나한 중 한 분인 빈두로로 추정되는 인물이다. 그러나 나반존자는 빈두로가 산다고 기록되어 있는 북구로주가 아닌 북극성의 기운이 비친다는 도교의 성지 천태산에 거처하는 것으로 묘사된다. 천태산과 관련해서는 남인도의 천태산이라는 설도 있지만, 왜 하필 남인도의 천태산이냐와 관련해서는 역시 정확한 답이 나오지 않는다. 또 나반존자를 그린 그림은 구도와 동작의 묘사 등이 전체적으로 〈신선도〉를 모사하고 있다. 즉 나반존자 신앙은 모종의 신선사상이 불교로 수용되면서 빈두로와 결합하는 양상으로 전개되고 있는 것이다.

나반존자는 따로 모셔지는 경우보다는 삼성각 안에 산신, 칠성과 함께 모셔지는 경우가 많다. 이 또한 전통신앙과 나한신앙의 습합에 대한 인식을 가능하게 해 준다. 물론 청도 운문사 사리암의 천태각과 같이 나반존자만을 별도로 모시는 기도처도 존재한다. 여기에서 천태각이라는 명칭은 나반존자가 살고 있다는 중국의 천태산을 상징한 것이다.

나한신앙은 대승불교의 등장에 따른 이상 인격의 변화와 동아시아에서 도교 및 신선사상과 결합되는 과정에서 의도적으로 희화된다. 그러나 이런 희화를 통해 더욱 민중적인 요소를 내포하면서 소박하고 친근한 민중 신앙으로의 위치를 차지하게 되었다.

나한의 붉은 입술과 채색 전통

나한의 희화화는 급기야 나한을 장난꾸러기나 분위기 파악을 못하는 이로 묘사하는 상황에까지 이르게 된다. 특히 선종이 유행하면서는 깨달음을 얻은 선사에 비해 나한이 못하다는 인식이 확립되기에 이른다.

나한 이야기 중 우리나라에 널리 알려진 이야기로는 동지의 팥죽과 관련된 것이 있다. 동지에 공양주가 불씨를 꺼뜨려 팥죽을 쑬 수 없게 되자, 나한이 동자승으로 현신하여 불씨를 얻어 오면서 팥죽을 얻어먹었다는 이야기다. 이 과정에서 나한의 입술에 팥죽이 묻어 입술이 빨개졌다고 한다. 이 이야기는 나한상에 남아 있는 채색 전통과 관련된 것이다.

모든 종교미술에는 원색을 주로 하는 강렬한 채색 전통이 있다. 이는 종교미술이 예술적인 목적에서 만들어지는 것이 아니라, 강렬한 종교심을 이끌어 내기 위한 것을 목적으로 하기 때문이다. 그러나 우리나라는 조선이 들어서면서 성리학에 의해서 미감에 일대 변화가 일어난다. 상감청자와 같은 화려함에서 백자의 소박함으로 미감이 완전히 바뀌는 것이다. 이민족의 지배를 맞은 상황이 아닌데도 같은 민족의 미감이 이렇게 극단적으로 전환되는 것은 참 드문 경우이다.

결국 조선의 성리학에 의한 미감 변화와 숭유억불이라는 경제적 결핍은 우리나라 불상의 채색 전통을 크게 위축시킨다. 그래서 석불이나 철불과 같이 석회를 바르고 채색한 불상들도 바탕의 질박한 질료 그대로를 드러내는 형태로 변모한다. 즉 조선이라는 백색의 문화

석조나한좌상(조선 시대)

대열에 불교도 합류하게 되는 것이다. 그러나 나한상 같은 경우만은 유독 채색의 전통을 유지하고 있다. 이는 조각 자체가 너무 순박해서 그 자체만으로는 존상의 역할을 하기 어렵고, 또 민중과 관련해서 무속적인 화려함을 요청받았기 때문으로 판단된다. 결국 이렇게 나한상에서만 강하게 유지되는 채색 전통 속에서, 나한의 입술이 붉은 것과 관련해 팥죽 이야기가 만들어지게 된 것으로 보인다.

그러나 동지는 불교와 직접적인 관련이 없는 우리의 전통명절일 뿐이며 나한이 음식을 밝힌다는 이야기는 중국불교에도 만연해 있다는 점, 그리고 우리나라의 단청에서 붉은색보다는 팥죽색과 같은 검붉은 색이 많이 쓰인다는 점 등을 놓고 보면 나한과 팥죽 이야기는 여러 가지 요소가 복합적으로 섞여 완성된 것임을 알게 된다.

또 강원도 평창 오대산의 북대에는, 나한상을 옮기는 과정에서 고려 말의 대표적인 선승인 나옹 선사가 나한들을 부드럽게 책하자 나한상들이 벌떡 일어나서 걸어갔다는 이야기도 있다. 그런데 이 이야기 속에는 한 나한이 결국 칡넝쿨에 걸려서 오도 가도 못하고 있었다는 내용도 함께 존재한다. 나한은 깨달음을 얻은 선승보다 못하고 칡넝쿨에도 장애를 당할 정도로 한계가 있는 존재로 드러나고 있다는 점에서 무척 흥미롭다.

16나한과 500나한

동아시아 전통에서 나한신앙은 크게 두 줄기로 발달한다. 첫째는

16나한이 동아시아에서 증대된 18나한이며, 둘째는 500나한이다. 16나한은 10대 제자와 더불어 이른 시기에 성립되는 제자가 숭배 대상이 되는 경우이다. 10대 제자가 부처님 생존 시에 중요한 제자이거나 또는 인도불교 학파의 시조 같은 분들이라면, 16나한은 부처님 제자 가운데 신통이 뛰어난 분들로 구성되어 있다. 16나한은 부처님에게 영원히 열반에 들지 말고 불교를 수호하라는 임무를 받았다고 한다. 그러므로 이분들에게 공양을 올리고 신앙하면 신령한 감응을 얻게 된다고 한다.

16나한신앙은 중국으로 전해져 아라한 신앙과 관련된 전적인『대아라한난제밀다라소설법주기大阿羅漢難提密多羅所說法住記』를 저술한 경우존자慶友尊者와 번역자인 현장삼장玄奘三藏이 추가되어 18나한으로 늘어난다. 그러다가 청나라에 와서는 이 두 분 대신 복룡나한伏龍羅漢(용을 항복받은 나한)과 복호나한伏虎羅漢(호랑이를 항복받은 나한)으로 대체된다.

16나한이나 18나한을 모신 전각을 나한전이나 응진전 또는 영산전이라고 한다. 나한전이란 나한을 모신 전각이라는 의미이며, 응진전應眞殿의 응진은 진리에 상응하는 분이라는 의미로 나한의 번역어이다. 영산전은 인도 마가다국 왕사성 영축산에서 부처님이 법을 설하시는 것을 의미하는데, 이때 제자들이 운집해서 들었다는 의미를 취해 영산전이라고 한 것이다. 세 전각의 주존불은 모두 나한의 스승인 석가모니불이며, 좌우에는 미륵보살과 제화갈라보살이 배치된다. 즉 수기삼존인 것이다. 나한전과 응진전은 나한 중심이라고 할 수 있고, 영산전은 석가모니 부처님의 생애에서 핵심이 되는 여덟 가지 사건(팔상성도)이 강조되고 여기에 나한이 부가된 모습으로 표현되는 것이 일반적이다.

✻ 팔상성도八相成道

석가모니 부처님의 생애를 중요한 8가지 사건을 중심으로 요약한 것을 말한다. 이를 그림으로 그린 것을〈팔상도〉라고 한다. 팔상성도는 ① 석가모니 부처님께서 도솔천에서 이 땅으로 내려와兜率來儀相, ② 룸비니 동산에서 탄생하시고毘藍降生相, ③ 생로병사라는 삶의 실상을 자각하신 뒤四門遊觀相, ④ 출가를 단행하시고踰城出家相, ⑤ 6년 동안 수행을 하시다가雪山修道相, ⑥ 마왕을 항복을 받은 후 깨달음을 얻어 성불하며樹下降魔相, ⑦ 녹야원에서 최초의 설법을 행하시고鹿野轉法相, ⑧ 사라쌍수 아래에서 열반에 드신 것雙林涅槃相을 의미한다.

오백나한 중 145번째 희견존자(고려 시대)

사찰의 비밀

500나한은 정확한 전거를 찾기가 어렵다. 중국불교의 500나한 같은 경우는 인도와 중국의 유명한 스님들의 선발 무대 정도로 이해하면 된다. 그래서 부처님의 첫 제자인 교진여나 중국에 선불교를 전해 줬다는 달마 대사가 모두 포함된다. 특이한 것은 신라의 승려 무상*이 455번째 나한으로 되어 있고 오진*도 500나한에 포함되어 있다는 점이다. 이와 같은 500나한의 혼란스러운 전개는 500나한이 어떤 그룹을 지칭하는 것인지 중국불교에서도 불분명했다는 것을 의미한다. 즉 인도에서 전래한 500나한 신앙이 있었지만, 이들이 누구인지에 대해서는 정확하게 파악할 수가 없었던 것이다. 이런 점에서 500나한은 특정인 500명을 지칭한다기보다는 나한 전체를 상징하는 것으로 이해하는 것이 타당하다. 왜냐하면 불교 전통에는 500에 '모든'이라는 의미가 내포되기 때문이다. 이는 부처님 당시 큰 제자들이 500명의 제자를 거느렸다는 것이나, 부처님께서 열반하시고 난 후 1차 경전 편찬회의에 500나한이 모였다는 것 등을 통해서 알 수 있다. 이와 같은 문화는 오늘날까지도 남아서 불상을 모실 때 500불을 모시거나 절을 할 때 500배를 하기도 한다. 이때도 실질적인 숫자 500이라기보다는 많다는 의미를 차용한 것이다. 500나한을 모신 전각으로 유명한 곳으로는, 경북 영천 은해사 거조암 영산전이나 경주 기림사 응진전을 들 수 있다. 이들 나한상은 모두 일반적인 불교 존상에서는 볼 수 없는 자유로운 파격미를 보이고 있어 보는 이들에게 절로 유쾌함을 준다.

❋ 무상無相

정중무상(淨衆無相, 684~762)은 신라의 왕자 출신으로 중국의 사천성에서 수행하여 정중사淨衆寺를 중심으로 정중종이라는 선불교의 한 파를 형성한 중국 선종사에서 중요한 고승이다. 무상의 제자에 홍주종을 개창한 마조가 있으며, 무상의 가르침은 무주無住에게로 계승된다. 사천성이 티베트와 차마고도로 연결되기 때문에 무상의 가르침은 티베트불교의 발전에도 영향을 끼치게 된다. 무상은 500나한 중에는 455번째 무상공존자無相空尊者로 들어가 있다.

❋ 오진悟眞

오진은 신라 경덕왕 때(742~765)에 당나라로 건너가 수도인 장안의 대표적인 밀교 사찰인 대흥선사大興善寺에서 수학한다. 이후 인도 구법길에 오르게 되는데, 이러한 오진의 행로에는 동시대를 산 고승 혜초의 영향이 존재한다는 주장도 있다. 오진은 500나한에는 479번째(간혹 480번째) 오진상존자悟眞常尊者로 들어가 있다.

사찰의 기호들이 다양하지 않은 이유는 종교 상징은 예술 상징과 달리 '창작성'을 우위에 두지 않기 때문이다.
종교 상징은 사전 지식이 있는 모든 사람들에게 열려 있어야만 한다.
대중 종교는 소수가 진리를 독점하겠다는 것이 아니다. 그렇기 때문에 누구에게나 열려 있어야 한다.
이런 점에서 종교 상징은 숫자가 적고 단순하며 한두 번만 들어도 바로 해석할 수 있어야 한다.

5장

수행과 의식의
상징물

30.

사찰은
동물농장이다

사찰에 있는 용, 사자,
거북, 학의 의미

예전에 어떤 큰 절에 한 스님이 개를 키우겠다며 진돗개를 데려왔다고 한다. 당장 대중공사※가 벌어졌다. 그냥 '개가 싫다.'는 스님도 있었지만 결정적으로 율장에 스님은 동물을 키울 수 없다고 규정되어 있다는 말이 나오자 중립적인 입장의 스님들도 결국 반대로 돌아섰고 개는 쫓겨났다. 나중에 그 진돗개는 한 암자에서 혼자 살던 스님과 있었다고 하는데 결국은 '환속'했다고 한다.

특별한 이유가 아니고서는 사찰에 동물이 '거주'할 수 없다. 하지만 이와 반대로 동물농장이라고 할 정도로 사찰에 많은 동물을 조각하고 그려 놓은 걸 볼 수 있다. 특히 용, 사자, 물고기 등이 많다. 모두 그 나름의 이유가 있다.

세 종류의 용

동아시아의 전통에서 용은 군왕을 상징한다. 권문세가들도 감히 용 장식은 할 수 없었다. 하지만 유일하게, 왕보다 높은 위치에 있었던 '부처님'에게만은 용 장식을 허용했다. 그런 이유로 사찰에는 용이 많

※ 대중공사
절의 운영과 관련된 일이나 승려의 그릇된 행위에 대한 문책 등이 있을 때 절에 사는 모든 대중이 모여 협의하고 결정하는 의결방식을 말한다.

상원사 문수전 앞 사자상(조선 시대)
좌측이 암놈이고 우측이 수놈을 표현한 것이다.

기도 하지만 종류도 다양하다. 게다가 가끔은 황제를 상징하는 쌍용과 9룡도 심심치 않게 볼 수 있다.

일반적으로 용 하면 뱀과 같은 형상에 네 다리를 가지고 사슴뿔이 난 긴 얼굴을 떠올린다. 그러나 용의 종류는 매우 많다. 용은 문화권별로 크게 세 종류로 나뉜다. 첫째는 유럽의 용이다. 이 용은 악룡惡龍이다. 유럽의 영웅 전설에 등장해서 영웅을 빛내 주는 역할을 하는 비운의 강자다. 생김새는 잘 아는 것처럼 배불뚝이 익룡 모습이고 특별히 불을 뿜는다. 드물지만 우리나라 사찰에서도 이런 모습의 용을 볼 수 있다. 전북 고창 선운사 대웅보전 벽화에 '유럽의 용'이 그려져 있다. 물론 동자를 태운 모습으로 봐서 유럽인들이 상상하는 악룡은 아니다.

둘째는 인도의 용이다. 인도에 사는 용의 정체는 코브라 중의 왕인 킹코브라다. 보통은 분노를 조절하지 못하는 다혈질이다. 하지만 불교의 전파 경로를 타고 동아시아로 전래되면서 부정적인 인식이 사라진다. 인도의 용이 사는 곳은 용궁이다. 즉 물의 신인 것이다. 『별주부전』이나 『서유기』에서처럼, 용궁이 등장하거나 기우제로 용왕을 찾는 것 등은 모두 인도의 용 문화와 관련된 것으로 이해하면 되겠다.

셋째는 우리가 잘 알고 있는 동아시아의 용이다. 이 용은 승천의 용이며 구름을 동반하는 용이다. 『주역』「문언전」에는 "구름은 용을 따르고 바람은 호랑이를 따르니, 천하의 만물은 각기 같은 부류를 따른다(雲從龍 風從虎 天下之物 各從其類)."는 말이 있다. 이는 중국의 용이 구름과 함께하는 특징을 잘 나타내 준다. 이로 인하여 〈운룡도〉가 만들어지게 되는 것이다. 중국의 용이 구름과 함께한다는 것은 인도의 용이 내포하고 있는 수신水神의 이미지와 흡사하다. 그래서 양자는 쉽게 결합할 수 있었다.

동아시아의 용

동아시아의 용은 하늘을 나는 용 외에도 종류가 상당히 많다. 이를 소위 용생구자龍生九子✽라고 하는데, 용에게는 각기 다른 특성을 가진 아홉 자식이 있다는 의미이다. 그러나 이들은 실제 가족이라기보다는 고대 동아시아의 다양한 용 토템과 관련된 것을 모은 것에 불과하다. 즉 용족인 셈이다.

이들 중에는 사찰에서 살펴지는 용도 여럿 있다. 가장 대표적인 것으로 종의 정상에 올라앉아 고리 역할을 겸하고 있는 포뢰蒲牢다. 이 용은 겁쟁이로 고래와 같은 거대한 물고기를 만나면 큰 소리로 목 놓아 울기 때문에, 종을 치는 당목을 고래 모양으로 만들고 포뢰를 용의 정상에 배치해서 종이 잘 울리도록 했다. 이 같은 사실은『삼국유사』권3에서 확인된다.

다음으로는 비석을 등에 지고 있는 거북과 같은 용이다. 흔히 이를 귀부라고 하는데 이 또한 용족으로 비희贔屭라고 불린다. 이 용은 무거운 것을 지기 좋아하는 성격이므로 비석과 같은 돌을 진다고 한다. 실제로 국립중앙박물관 옥외에 전시되어 있는 보리사 대경대사 현기탑비의 귀부처럼, 거북의 정수리에 동으로 된 뿔 장식을 박았던 흔적이 남아 있는 것도 여럿 있다. 이는 귀부가 단순히 거북이 아니라 뿔이 난

✽ 용생구자龍生九子
용생구자는 중국의 다양한 원시 토템들이 용의 범주 속에 모인 것을 말한다. 명나라 때의 인물인 호승지胡承之가 쓴 『진주선眞珠船』에서 처음 등장하는데, ① 비희贔屭 ② 치문鴟吻 ③ 포뢰蒲牢 ④ 폐안狴犴 ⑤ 도철饕餮 ⑥ 공복蚣蝮 ⑦ 애자睚眦 ⑧ 산예狻猊 ⑨ 초도椒圖이다.

황해도 평산 출토 종
동아시아 종의 고리는 언제나 용의 모습을 하고
있다.

보리사 대경선사 현기탑비
거북의 정수리에 동으로 된 뿔 장식을 박았던 흔적
이 남아 있다.

용이라는 것을 의미한다.

문고리에도 초도椒圖라는 용이 새겨져 있다. 사찰이나 궁궐의 문
고리 장식에는 도깨비와 같은 귀면 형상이 있다. 이것이 바로 초도이
다. 이 용은 감추기를 좋아하는 성격을 가졌으므로 문고리에 장식한
다. 또 사자의 형상으로 불을 좋아하는 산예狻猊라는 용은 향로의 다리
장식에 숨어 있다. 사찰의 향로 다리에 동물 얼굴처럼 조각되어 있는
것이 바로 산예이다.

불국사 회랑 문의 초도

이외에 사찰의 지붕 용마루 끝에 얹어서 장식되는 치문鴟吻이라는 용도 있다. 이는 용머리의 변형으로, 용마루 끝에 용을 올리는 것은 용이라는 수신의 이미지를 이용해서 화재를 막기 위한 것이다. 이와 유사한 용마루 끝 장식에 치미라는 것도 있다. 이는 새 꼬리 모양을 사용하는 경우이다. 중앙아시아의 새 토템과 관련된 것으로, 하늘의 신령한 기운이 강림한다는 의미로 이해된다. 새 머리 장식으로 되어 있는 취두 역시 유사한 의미를 내포한다. 사찰에는 드러나 있는 용들 외에도 참으로 많은 용이 숨어 있는 것이다.

암수 서로 정답구나

중국에서는 황제를 상징하는 것이 용이지만 인도에서는 코끼리나 사자가 동아시아의 용과 같은 역할을 했다. 코끼리나 사자는 인도에서 동아시아로 넘어오면서 그 중요성이 낮아지는데 당연히 중국에는 살지 않는 동물이기 때문이었다(물론 용이 중국에 살았다는 얘기는 아니다).

경전에서 코끼리와 사자는 흔히 문수·보현보살과 함께 등장한다. 사찰에서 사자가 등장하는 주요 장소는 세 군데이다. 첫째는 큰스님의 설법 좌대이다. 사자를 장식한 의자를 사용하는 대상은 인도에서는 '왕'과 '성자'이다. 이때는 수사자 네 마리를 네 모퉁이에 조각하는데, 왕의 통치와 위엄을 상징하고 성자가 모든 삿된 견해를 물리치는 것을 의미한다. 이러한 전통이 동아시아의 불교로까지 전해져 큰 스님의 설법 좌대에 사자가 조각된다.

둘째는 사찰 입구이다. 사자의 용맹성이 수호라는 의미를 가지게 되는 것으로, 사찰 입구의 좌우에 위치하는 사자상과 탑 주변 네 모서리의 사자상 장식을 통해서 살펴볼 수 있다. 중국은 이러한 사자 장식이 널리 보편화되어 베이징의 자금성이나 호텔 등 고급 건축에는 빠지지 않고 등장한다. 그런데 재미있는 것은 인도문화에서 사자 조각은 모두 수컷만 사용되는데 동아시아에 와서는 암수가 반드시 함께 등장한다는 것이다. 음양론으로 설명할 수도 있고 '가족'이라는 의미로 설명할 수도 있다. 실제 중국에 있는 암사자 상 옆에는 반드시 새끼가 함께 등장한다.

그런데 사자를 보지 못한 상태에서 경전에 묘사된 내용만으로 조각을 하다 보니 사자가 조금 이상해지는 경우도 있다. 오대산 상원사 문수전 앞에는 고양이상이라고 알려진 돌로 된 동물상이 두 구 있다. 그러나 이는 원래 불전 앞에 세웠던 암수의 사자상이다. 이것이 고양

**중국 산시성 오대산 용천사 쌍
사자**
사진 왼쪽 공을 친 사자가 수놈
이고 오른쪽에 새끼를 손으로
부비부비 해주며 놀아 주는 사
자가 암놈이다.

분황사 모전석탑
네 면에 암수 사자상이 조각되
어 있다. 사진 중앙과 오른쪽의
사자가 물개로도 오인된 적이
있는 암사자다.

이처럼 조각된 것은 사자에 대한 이해가 부족했기 때문이다. 모든 종교미술은 원칙을 기준으로 하는 법칙성(의궤성)을 중시한다. 그러므로 고양이상은 만들어질 수 없다. 실제로 두 마리 중 한 마리의 목에는 갈기 같은 것이 있다. 이는 이 석상이 사자를 조각한 것임을 분명하게 해 준다. 후세 사람들은 이조차 알지 못했기 때문에 이 석상과 연관해서 세조와 고양이의 이야기를 꾸며 내기에 이른다. 못된 스토리텔링의 전형적인 예라 하겠다. 상원사의 사자상과 유사한 석사자상은 송광사 일주문의 조각에서도 볼 수 있다. 송광사의 사자 역시 몽구스나 레밍 같은 모습으로 조각되어 있어 상원사의 사자상과 흡사한 면이 있다. 이는 조선 시대에 들어와서 사자에 대한 이해가 심하게 왜곡되었다는 것을 의미한다.

셋째는 탑 등의 장식에서 보인다. 보물 제201호 경주 남산 탑골 마애불상군의 구층탑 앞에는 암수의 사자가 바위 벽면에 쌍으로 부조되어 있다. 그런데 이 중 수컷은 한때 천마로 알려지기도 했다. 사자의 갈기가 천마의 날개처럼 표현되어 있기 때문이다. 국보 제30호 경주 분황사 모전석탑의 네 모퉁이를 지키는 사자 역시 암수가 두 마리씩 있는데, 이 중 암놈이 물개라는 이야기가 퍼진 적이 있다. 너무 매끈하게 조각되어 천생 물개로 보이기 때문이다.

우리나라에서 가장 유명한 석탑인 국보 제20호 불국사 다보탑에도 사자 장식이 조각되어 있다. 현재는 수컷 한 마리만 남아 있지만 원래는 암수 쌍으로 네 마리가 네 모서리에 위치해 있었다. 그런데 세 마리는 사라지고 한 마리만 남자, 그 위치가 가운데로 바뀌게 된다. 실제

경주 남산 탑골의 마애구층탑
아랫부분에 암수의 사자가 쌍으로 부조되어 있다. 우측이 수사자인데 갈기 표현이 자칫 날개와 같은 착각
을 불러 일으켜 천마로 오인된 적도 있다.

불국사 다보탑 앞 사자상
네 면 모서리 모두에 사자가 있
었지만 현재는 한 마리만 남아
있고 위치도 중앙으로 이동해
있다.

로 국립경주박물관에 있는 다보탑 재현품에는 네 마리 사자로 만들어 이를 네 귀퉁이에 배치해 놓고 있다. 그런데 우스꽝스럽게도 이 네 마리를 모두 현존하는 수컷으로 통일시켰다는 것이다. 우리나라에서 국립중앙박물관 다음으로 대단한 박물관치고는 상식 이하의 모습을 보이고 있어 눈살을 찌푸리게 한다.

경주의 사자와 관련해서 가장 흥미로운 것은 보물 제1427호로 지정되어 있는 괘릉의 '경주 원성왕릉 석상 및 석주 일괄'이다. 유일하게 인도의 사자 문화 그대로 수컷 네 마리를 표현하고 있기 때문이다. 하지만 이 경우 동아시아 건축의 일향성에 입각해서 왕릉 주위 네 곳에 네 마리를 배치하지 않고, 사천왕문에 사천왕을 모시듯이 왕릉 앞쪽에 모아서 배치해 놓고 있다. 그러나 네 마리 사자의 고개를 각기 다른 방향을 보도록 해서 모든 방위를 지키도록 하고 있다. 인도 건축의 원형 구조를 일향성으로 바꾸는 대신 사자의 고개를 돌려서 방위 수호 문제를 해결하고 있는 것이다. 덕분에 괘릉의 사자들은 목 디스크 걸리기 딱 좋은 자세로 1,200년의 세월을 견뎌 내고 있다.

물고기, 호랑이, 학, 파랑새 … 끝이 없는 동물의 행진

사찰에서 잘나가는 동물은 용과 사자다. 그러나 이러한 대표 동물 말고도 사찰 안에는 다양한 동물이 존재한다. 이 중 빈도수가 가장 높은 것은 물고기이다. 물고기는 목어나 목탁 또는 처마 밑의 풍경과 탑에 달린 풍탁 등에서 확인된다. 물고기가 많이 등장하는 것도 역시

산신도에 그려진 호랑이(근대)

용과 연관된다. 잉어가 극기를 통해서 용이 되듯이 승려들도 수행을 통해 부처님이 되라는 의미다. 등용문의 고사를 생각해 보면 되겠다.

다음으로는 산신각에 버티고 있는 호랑이다. 호랑이는 우리나라를 대표하는 토템이다. 그런데 이 호랑이는 사납고 무서운 상이 아닌, 고양이 같은 귀여운 모습을 하고 있다. 이는 두려운 대상을 희화화해 극복하려는 생각이 발동한 때문이다.

또 대웅전 안의 천장을 보면 학이 있는 곳이 있다. 백학과 청학 모두 등장하는데 청학이 더 중요하다. 동아시아 신선사상에서 신선이 사는

학과 용이 있는 대웅전 천장 모습(포항 오어사)

❋ 십우도十牛圖

본래의 성품을 발견해서 깨달음에 이르는 과정을 동자가 소를 찾는 것에 비유해 열 단계로 간명하게 묘사한 그림이다. 심우도尋牛圖라고도 하며, ① 심우尋牛 ② 견적見跡 ③ 견우見牛 ④ 득우得牛 ⑤ 목우牧牛 ⑥ 기우귀가騎牛歸家 ⑦ 망우존인忘牛存人 ⑧ 인우구망人牛俱忘 ⑨ 반본환원返本還源 ⑩ 입전수수立廛垂手의 10단계로 나뉜다.

곳은 청학이 날아다니는 곳이며, 신선들은 청학을 타고 다닌다. 이와 같은 인식에서 파생하는 이상세계가 바로 청학동이다. 청학동은『청학집』에 나오는 도교적인 이상세계로, 지리산의 청학동 등은 바로 이 명칭을 딴 것이다. 대웅전에 청학을 배치하는 것은 그곳이 이상세계라는 것을 의미한다. 대웅전은 부처님을 모신 곳인 동시에 도교적으로는 청학동인 셈이다.

또 사찰 벽에는 동자와 소가 등장하는 〈십우도〉❋를 그려놓은 곳이 종종 있다. 여기에서 소는 깨달음을 상징하는 동물로 등장한다. 〈관세음보살도〉에는 파랑새가 묘사된다. 파랑새도 이상세계를 상징하는

해남 미황사 대웅전 주춧돌에 새겨진 게와 거북

것으로 관세음보살의 전령이기 때문에 관음조라 하기도 한다. 파랑새
는 충남 공주 마곡사 대적광전 후불벽화 등에서 확인해 볼 수 있다. 사
찰의 벽화에는 묘사하는 대상에 따라서 다양한 동물이 등장한다. 예
컨대 명부전의『별주부전』을 표현하는 과정에서 나타나는 토끼와 거
북 등이 그것이다.

　　사실 사찰에서 가장 많은 동물이 등장하는 곳은 불단인 수미단이
다. 이곳에는 가릉빈가·인면어※·물고기·거북 등 이상세계와 관련된
다양한 동물이 등장한다.『삼국사기』7권에는 현재의 안압지에 "산을
만들고 화초를 심어 진기한 새와 짐승을 길렀다[造山, 種花草 養珍禽奇獸]."
는 기록이 있는데, 이 또한 이상향의 추구이다. 우리 민족의 이상향에
는 동물이 함께한다는 인식이 존재하는 것이다.

　　사찰에는 많은 동물이 있고 또 많은 동물을 봐 왔지만, 독특한 경
우로는 보물 제947호로 지정되어 있는 전남 해남 미황사 대웅(ㅂ)전의
주춧돌에 새겨진 게와 거북이 아닌가 한다. 아무리 바닷가라고 하지
만 주춧돌에 게와 거북을 새길 생각을 했을까? 하지만 가만히 보면,
이들도 부처님의 가르침을 들으려고 대웅전을 오르고 있는 것 같아
정겹기 그지없다.

※ 인면어人面魚
사람의 얼굴을 한 물고기로 이
상세계를 상징한다.

31.

불교에서 사용하는
숫자의 비밀

불교를 대표하는 숫자
3, 4, 7 그리고 108

274
사찰의 비밀　　　　　108염주

현재는 세계적으로 10진법을 사용한다. 10진법이 완성된 것은 0이라는 숫자를 사용하면서부터다. 0이라는 숫자가 현재와 같은 의미로 쓰인 것은 7세기경부터지만 그 개념은 이미 기원전후 바빌로니아, 중국 등에서 발견되었다. 그러나 이를 최초로 체계화한 것은 인도 사람들이며, 불교의 공사상과 관련되어 이해되기도 한다. 우리 역시 0을 공이라고도 부르지 않는가?

10진법이 확립되기 이전에는 각 문화권과 지역에 따라서 다양한 진법 체계들이 존재했다. 고대 메소포타미아에서는 7진법과 60진법이 사용되었다. 특히 7진법 문화는 기독교에 많은 영향을 준 것으로 알려져 있다. 60진법 역시 60초 등 '시간'을 계산할 때 여전히 사용되고 있다.

아라비아와 실크로드의 대상들은 사막과 황무지에서 길을 잃어버리지 않기 위해 황도12궁[❋]을 살폈다. 이로부터 12진법이 자리 잡게 되는데 오늘날도 여전히 12달과 12시라는 개념을 통해 활용되고 있

❋ 황도12궁黃道十二宮
태양이 움직이는 황도 상에 위치한 12개의 별자리로 계절과 방위를 파악하는 데 사용된다. 서양점성술에서도 살펴지는 ① 양자리 ② 황소자리 ③ 쌍둥이자리 ④ 게자리 ⑤ 사자자리 ⑥ 처녀자리 ⑦ 천칭자리 ⑧ 전갈자리 ⑨ 궁수자리 ⑩ 염소자리 ⑪ 물병자리 ⑫ 물고기자리가 여기에 해당한다.

한암 스님의 가사에 새겨진 삼족오 문양(일제강점기)

십간十干

육십갑자의 위 단위를 이루는
요소인 천간天干을 달리 이르
는 말로, 그 수가 모두 열이기
때문에 십간이라고 한다. ① 갑
甲 ② 을乙 ③ 병丙 ④ 정丁 ⑤
무戊 ⑥ 기己 ⑦ 경庚 ⑧ 신辛 ⑨
임壬 ⑩ 계癸의 열 개로 되어
있다.

십이지十二支

육십갑자의 아래 단위를 이루
는 요소인 지지地支를 달리 이
르는 말로, 그 수가 열둘이므
로 십이지라고 한다. ① 자子
② 축丑 ③ 인寅 ④ 묘卯 ⑤ 진
辰 ⑥ 사巳 ⑦ 오午 ⑧ 미未 ⑨
신申 ⑩ 유酉 ⑪ 술戌 ⑫ 해亥의
열두 가지로 되어 있다. 앞의
십간과 십이지를 합하여 간지
干支라고도 한다.

육십갑자六十甲子

십간과 십이지를 결합하여 겹
치는 것을 제거하면 육십 개의
간지干支를 얻는다. 이를 육십
갑자 또는 육갑六甲으로 부른다.

다. 또 별자리 점으로도 남아 있는데, 이와 같은 12진법이 고대에 동아시아 문화에 영향을 주어 우리의 12지가 만들어지게 된다. 즉 우리가 말하는 쥐띠·소띠·범띠와 같은 것들은 본래 외래 문화였던 것이다.

그렇기 때문에 한자 子자·丑축·寅인에는 쥐·소·범의 뜻이 없다. 쥐·소·범은 주지하다시피 鼠서·牛우·虎호로 모두 상형문자이다. 자·축·인에 오늘날의 쥐·소·범의 뜻이 들어가게 되는 것은 후대에 추가된 개념이다. 즉 모종의 음차가 먼저이고 뜻이 나중에 부가되었다는 말이다. 마치 선禪이 원래는 디야나dhyana의 음역인 선나禪那로 차용되었다가, 那 자에 별다른 뜻이 없어 삭제해 선으로 축약한 뒤, 의미가 불분명해지자 '고요하다'는 뜻을 추가하는 것과 같다. 본래 선이라는 글자는 봉선封禪에서와 같이 '제단의 터를 닦는다'는 의미로 '고요하다'는 뜻은 없었다.

이외에도 중국문화와 관련해서는 음양과 오행이라는 2진법과 5진법의 사용을 확인해볼 수 있다. 이 두 가지가 결합된 것이 동아시아에서 일주일의 기원이 된다. 그래서 일주일은 음양인 해(일요일)와 달(월요일) 그리고 오행인 목(목요일)·화(화요일)·토(토요일)·금(금요일)·수(수요일)가 되는 것이다. 또 세계 제국인 당나라 시기에는 10간과 12지가 결합되어 60갑자가 완성된다. 여기에서 사주팔자와 같은 개념도 정립된다. 동아시아의 전통으로 알고 있는 사주팔자 역시 외래문화와의 이종교배에 의해 탄생된 것이다.

이렇게 본다면 우리는 실로 많은 숫자 체계와 함께하고 있다는 것을 알게 된다. 언뜻 보면 이 세계는 10진법에 지배되고 있지만, 그 속에는 다시금 전통문화와 연관된 다양한 가지들이 존재한다는 것이다.

부처님의 숫자 4와 7

인도에서 부처님 당시에 사용하던 진법은 4가 주류였고 보조적으로 7을 사용했다. 정확하게는 부처님께서 활동하시던 지역은 4가 주로 쓰였고, 서북인도에서는 7이 많이 사용되었다. 그러다가 양자가 점점 혼합되는 양상을 보인다. 그렇다 보니 부처님의 일생은 전체가 4와 4의 배수로 전개되고, 일부가 7과 7의 배수와 관련된다.

부처님께서는 32상(4×8)과 80종호의 모습으로 4월 8일에 탄생하시어 12월 8일에 깨달음을 얻고, 4성제 8정도와 12연기법을 설하시면서 16대국을 교화하신다. 또 8만 4천 법문의 12부경을 설하시다가 80세를 일기로 돌아가시니, 8섬 4말의 사리가 나온 것을 가지고 8개 나라 왕들이 근본8탑을 세우게 된다. 이것을 아소카 왕이 8만 4천 탑으로 늘린다. 또 후대에 추가되는 것으로, 부처님 키가 1장 6척이라는 것과 치아가 40개라는 것도 있다. 이상으로 우리는 부처님께서 활동하신 지역이 4진법 문화를 가지고 있었고, 이를 통해서 부처님의 일생이 정리되어 있다는 것을 알게 된다.

7과 관련된 개념도 있다. 부처님이 태어나시자마자 7걸음을 걸었다든가, 어머니가 7일 만에 돌아가셨다는 것 등이 그것이다. 그러나 4와 4의 배수처럼 많이 확인되지는 않는다. 이보다 7은 서북인도에서 발달한 아미타사상과 관련된 경전에서 다수 살펴진다. 아미타불과 관

277

련된 경전에는 극락세계의 질료와 관련된 7보를 기본으로 하는 7보수寶樹·7보화寶華·7보지寶池·7보응기寶應器·7보강당寶講堂·7보궁전寶宮殿이 등장한다. 또 극락의 건축 구조와 관련된 7중난순重欄楯·7중나망重羅網·7중행수重行樹·7중실내重室內가 살펴진다. 이외에도 7일간 염불하면 극락왕생한다는 것 등이 있으며, 7일을 기본으로 하는 7×7이라는 49재와 같은 문화도 이와 연관된다.

한국인이 좋아하는 숫자 3

우리나라는 3진법을 사용한 흔적이 많이 발견된다. 단군신화가 대표적이다. 단군신화에서 환웅桓雄은 3위태백三危太伯을 내려다보다가 천天·부符·인印 세 가지를 가지고서 3,000의 무리를 대동하고 내려온다. 그리고 풍백風伯·우사雨師·운사雲師의 3신과 더불어 360가지 일을 주관하다가 곰과 호랑이를 만나 100일을 금기禁忌하게 했는데, 3·7일만에 결과가 나게 된다. 또 이는 전체적으로 환인桓因·환웅桓雄·단군檀君이라는 3신성三神聖의 구조로 되어 있다.

지금이야 서양문화의 영향으로 7이라는 숫자가 인기가 있지만, 우리는 전통적으로 3이라는 숫자를 가장 좋아했다. 삼세판 등을 생각해 보면 되겠다. 우리가 3을 좋아하는 것은 중국문화의 영향은 아니다. 왜냐하면 중국은 우리나라만큼 3이라는 숫자가 강력한 영향을 미치지 않기 때문이다. 예컨대 태양을 상징하는 3족오와 같은 경우 고구려 고분벽화 등에는 일률적으로 등장하지만, 중국의 한나라 화상석[▦]

▦ 화상석畵像石
중국 후한後漢 때에 성행하던 것으로, 돌로 만든 무덤이나 사당의 벽, 궁전의 벽면에 장식으로 신선, 새, 짐승, 꽃 등을 새겨 넣은 돌을 말한다.

등에서 확인되는 까마귀는 의외로 2족오가 더 많다. 그래서 까마귀의 발 숫자를 통해서 우리 문화가 고대에 어디까지 영향을 미쳤는가 하는 것을 판단해 보는 것도 가능하다.

우리의 열렬한 3수 문화에 중국의 홀수를 높이는 문화가 더해지면서 한국불교는 3이라는 거대한 숫자의 파도를 만나게 된다. 물론 인도 불교에도 3이 등장하지 않는 것은 아니다. 부처님을 예경할 때에 오른쪽으로 3번 돈다거나 가르침을 청할 때 3번 청하는 것 등이 그것이다. 그러나 인도불교는 3보다는 4에 의지하는 비중이 더 크다. 그런데 우리 불교는 철저히 3과 관련된다.

그래서 부처님께는 3번 절을 올리고 향도 원칙적으로는 3개를 피우며, 축원할 때도 3번 이름을 불러 준다. 또 진언도 3번 외우고, 탑도

삼배를 올리는 신도

3층탑이 기본이며, 탑돌이도 3번을 돈다. 이외에도 3존불을 모시고, 북은 3번씩 3번 치며, 기도는 3 · 7일을 권장하고, 신심을 증장하기 위해서는 3천배를 올린다.

인도불교에서 4를 중요시하던 것을 의도적으로(우리나라뿐 아니라 중국을 포함해) 3으로 변형시킨 경우도 있다. 4홍서원이 여기에 해당하는데, 한문 경전으로 의식을 진행할 때 보면, 4홍서원임에도 불구하고 예의는 3번만 표하도록 되어 있다. 또 스님의 식기인 발우 역시 원래는 4개인 것을 늘려서 5개로 만들었다. 이렇게 억지로 4의 형식을 조정하는 것은, 숫자 四의 한자 음이 죽음 死와 같아서 상서롭지 않기 때문이다. 4를 피하는 문화는 오늘날까지도 남아서 병원에 4층이 없거나 아파트에 4동이 없는 경우 등을 통해서 확인해 볼 수 있다. 이와 같은 문화 배경에 의해 한국불교에서는, 4는 위축되고 3의 비중은 더욱 증대된다. 그런데 이와 같은 전통을 고려하지 않고, 최근에 〈4홍서원〉 노래를 만들면서 4번 예의를 표하도록 한 것이나 발우를 4개로 통일한 것 등은 우리 불교문화에 대한 몰이해라고 하겠다.

가장 미스터리한 숫자 108

불교를 상징하는 숫자 중 하나가 바로 108이다. 도반에게 전화라도 할라 치면 전화번호 뒷자리가 죄다 0108이다. 번뇌도 108이고 염주도 108이다. 경기도 민요인 탑돌이 노래에도 '108번 도세'라는 가사가 등장한다.

그런데 놀라운 사실은 108이 왜 지금과 같이 불교를 상징하는 숫자가 되었는지 알 수가 없다는 것이다. 108이라는 숫자는 108번뇌에서 연유하는데,『대비바사론』※이나 『대지도론』 등에 본격적으로 언급되는 것으로 보아 이 경전이 성립된 시기인 기원전후 무렵에 완성된 개념으로 추정된다. 그런데 그 구성 내용의 편차가 크며, 각기 주장하는 것들이 왜 굳이 108이어야 하는지에 대한 설득력이 약하다. 즉 108이라는 특정 숫자를 상정해서 이에 맞춰 교리를 끌어다 댄 느낌이 강하다는 말이다. 또 108배와 108염주는 108번뇌를 극복하는 방법으로 제기된 것으로 판단된다. 1,080배와 같은 경우는 108배가 증광된 것이다. 즉 전체 핵심에 108번뇌가 위치하는 것이다.

이렇게 놓고 볼 때 108은 번뇌의 총칭인 부정적인 숫자일 뿐이다. 그런데 이것이 왜 불교의 상징숫자가 되는지 이해가 되지 않는다. 또 탑돌이 노래에서 나타나는 108은, 108번뇌의 극복이라기보다는 108이라는 숫자가 불교적인 상징으로 정립되어 일반화한 모습이다. 다시 말하면 108이 불교의 상징 숫자가 된 것은 최근의 일은 아니라는 말이다. 이것이야말로 불교 숫자에 있어서 가장 큰 미스터리가 아닐 수 없다. 가장 타당한 설명은 십진법의 100(10×10)과 4진법의 8이 결합된 것이라는 설명이다. 그러나 이 역시 매끄러운 설명은 아니다.

오늘도 많은 사찰과 스님들은 108이라는 숫자를 사용한다. 그런데 여기에는 우리가 일생토록 허리를 굽혀서 인사하지만 그 이유를 모르듯, 그곳에는 '왜?'라는 영혼이 없다.

※ 대비바사론大毘婆娑論
〈아비달마비바사론〉의 약칭으로 모두 200권으로 되어 있다. 2세기 중엽 인도 카니슈카 왕의 후원 아래 500명의 아라한이 모여 〈아비달마발지론〉에 주석을 단 것으로 당나라 현장의 한역이 전해진다. 설일체유부의 사상을 상세히 서술하고 있다.

32.

사찰에도
기호가 있다

원이삼점, 일원상,
만卍 자

사찰 건물 지붕에 그려진 원이삼점, 만 자, 일원상(왼쪽부터)

사찰에는 벽화나 불화, 불상 등과 같이 쉽게 의미를 파악할 수 있는 대상이 있는 반면, 내용을 알지 못하면 전혀 의미를 알 수 없는 기호들도 있다. 일반 그림과 추상화의 차이라고나 할까?

추상화는 다른 그림과 달라서 언제나 제목을 봐야만 한다. 때에 따라서는 제목을 보면 '그런가!' 싶은 생각에 고개가 끄덕여지지만, 어떤 때는 '진짜 그런가?' 하는 생각과 함께 고개를 틀어서 보게 된다. 또 그림보다도 '제목을 참 잘 붙였다.'는 생각을 하게 되는 경우도 있다. 추상화란 현상을 해체한 이면의 간결성을 표현한 작품이다. 이런 점에서 추상에 대한 이해는 특정한 관점을 동반하게 되며, 작가와 관점의 교류가 일어나지 않으면 작품을 보면서도 공감을 표할 수 없다. 단절이 느껴지는 것이다.

사찰을 장식하고 있는 기호들도 추상화와 같은 면이 있다. 다만 일반 추상화와 다른 점은 추상화가 '개인의 관점'을 강조한다면, 사찰의 기호들은 정형화된 틀에 맞춰진 것이고 또 그 숫자가 제한되어 있다

대한불교조계종의 상징 문양인 삼보륜

는 것이다. 사찰의 기호들이 다양하지 않은 이유는 종교 상징은 예술 상징과 달리 '창작성'을 우위에 두지 않기 때문이다. 종교 상징은 사전 지식이 있는 모든 사람들에게 열려 있어야만 한다. 대중 종교는 소수 가 진리를 독점하겠다는 것이 아니다. 그렇기 때문에 누구에게나 열려 있어야 한다. 이런 점에서 종교 상징은 숫자가 적고 단순하며, 한두 번만 들어도 바로 해석할 수 있어야 한다. 암호로는 빵점이라고 할 수 있는 것이 바로 종교 상징인 셈이다. 이것은 불교를 넘어서 모든 종교 상징이 가지는 고통된 측면이다.

원이삼점

한국 사찰에서 가장 많이 보이는 기호상징은 원이삼점圓伊三點이다. 이는 사찰 지붕의 합각, 즉 꼭대기 부분의 삼각형 빈 공간에 가장 많이 그려져 있다. 원이삼점이란 원 안에 점 3개가 있다는 뜻이다. 이건 뭐 비양심적일 정도로 쉬운 이름이다. 다만 '이伊' 자가 좀 생뚱맞아서 이해하기 어려운데, 이것도 한자를 좀 알면 쉽다. 이는 삼 점(∴)이 곧 한자 이伊 자와 통한다는 것으로, '∴ = 伊'라는 의미이다. 무슨 얘긴가 하면, '만卍이 만萬이자 만万'이고 '삼三이 삼參'인 것과 같다는 말이다. 즉 '원 안의 점 3개가 뭐냐면 이伊야, 그러니까 이伊 발음으로 읽으면 돼' 라는 친절한 설명이다. 이는 옛사람들이 이伊라는 글자는 알지만 ∴가 곧 이伊라는 것은 잘 모르기 때문에 만들어진 것이다. 이렇게 놓고 본 다면, 그 친절함이 지나칠 정도라는 것을 알게 한다. 명칭만 제대로 알아도 미술의 추상화처럼 '이건 뭐지?'라고 갸웃거릴 일은 없는 셈이다.

그렇다면 삼 점의 발음은 해결됐고, 이 삼 점이 상징하는 것은 무엇일까? 바로 '법신'과 '반야,' 그리고 '해탈'이다. 법신이란 불교에서 가장 중요하게 여기는 진리의 본체이자, 가장 본질적인 진리라고 이해하면 된다. 그리고 반야란, 모든 것은 변화하기 때문에 고정된 실체가 없다는 것을 아는 지혜이다. 모든 것은 시간의 흐름 속에 변화할 뿐이며, 변하지 않는 것은 아무것도 없다는 것을 아는 것이 바로 반야이다. 그래서 반야를 반야지般若智라고도 한다. 그리고 이러한 변화의 세계 전체를 가리키는 말이 바로 공空이다. 반야공般若空인 것이다. 조금 복잡해지는 감이 있는데 아무튼 반야나 반야지 그리고 반야공과 공은 통하는 말이며, 그 핵심은 '변화하지 않는 것은 아무것도 없다.'는 것 정도로만 정리하자. 끝으로 해탈은 불교의 목적이다. 해탈이란 벗어났다, 탈출했다는 의미이다. 이 말은 뭔가 좋지 않은, 피하고 싶은 대상이 있다는 것이 전제된 말이다. 그것은 바로 윤회라는 본질적인 고통이다.

이 세 가지를 연결해 보면, 진리의 당체와 그것을 파악하는 지혜 그리고 이를 통한 목적인 해탈로 정리될 수 있다. 이것이 바로 불교의 핵심이라고 하겠다. 바로 이 삼 점이 원이라는 완전성으로 결합되어 있는 것이 원이삼점이다. 끝으로 테두리의 원은 삼 점의 두루하고 완전한 덕성을 상징한다.

이와 같은 최상의 상징성 때문에 불교에서는 이 문양을 두루 사용하고 있는 것이다. 또 현대에 와서는 한국불교를 대표하는 조계종에서는 이를 삼보륜이라고 해서 공식적으로 지정해서 사용하고 있다.

그래서 조계종의 모든 공문서와 공식 행사에 이 마크가 들어가며, 조계종의 공식 가사에도 이 문양이 흐릿하게 표시되어 있다. 이 가사는 의장등록이 되어 있기 때문에 조계종 외에 다른 종단에서는 사용할 수 없다. 조계종을 다른 작은 종단들과 구분하는 차별화 전략의 일환이라고나 할까?

그런데 재미있는 것은 이 명칭을 삼보륜三寶輪이라고 한다는 것이다. 삼보륜의 의미는 불·법·승 삼보가 항상 굴러가면서 발전·전개된다는 뜻이다. 이 의미도 좋기는 하지만, 전통적인 원이삼점의 뜻에는 한참 미치지 못한다. 그런데도 이와 같은 저렴해 보이기까지 하는 새로운 해석이 붙는 것은, 원이삼점을 신도와 일반인들에게 쉽게 설명하기 어렵기 때문이다. 그러나 태극기를 군이 설명하고 전 국민이 그 의미를 알아야 할 필요가 있을까? 전 세계의 국기 중 가장 철학적인 국기가 우리의 태극기라는 자부심만으로도 충분하지 않을까? 글쎄, 장단점이 있기 때문에 뭐라고 단언해서 말하기는 어렵다. 다만 삼보륜이라는 설명도 사람들에게는 잘 전달되지 않는지, 많은 이들이 '고동색 단추'라고 부른다는 것이다. 그런데 단추라는 말을 듣고 보면 '진짜 그렇네.' 하고 저절로 고개가 끄덕여지니, 참 사람의 관점이라는 것이 재미있다.

법륜과 일원상

불교에서 흔히 사용되는 상징에는 법륜도 있다. 법륜은 배의 키[舵] 모양을 생각하면 된다. 원래 법륜은 1,000개의 바퀴살을 가진 수레바

조계사 대웅전 앞 법륜
팔정도를 나타내고 있다.

퀴 모양이나, 표현하기 복잡하므로 간략화되어 8개의 바퀴살을 가지고 살의 바깥쪽이 튀어나와 있는, 키[舵] 모양으로 변해서 정착되었다.

원래 법륜의 '륜輪(cakra)'은 고대 인더스문명 시대 때부터 발견되는 것으로 태양을 상징한다. 원은 태양을, 그 속의 1,000개의 바퀴살은 태양의 광휘를 의미한다고 이해하면 되겠다. 이를 천폭일륜千輻日輪이라고 하는데 1,000개의 바퀴살을 가진 둥근 형상의 태양이라는 의미이다.

고대에 가장 널리 퍼져 있던 신앙 대상은 태양이다. 그러므로 태양의 상징은 곧 제사장의 권위를 나타내며, 이것이 후대로 오면서 군왕의 권위로까지 변모하게 되는 것이다. 이것을 전륜이라고 하는데, 이것을 가진 군주를 왕 중의 왕인 전륜성왕轉輪聖王이라고 한다. 전륜성왕은 인도인들이 생각하는 이상적인 황제로, 덕으로 모든 군주를 조복시키는 평화의 성군이다. 또 후대에는 이러한 전륜에 상응하는 부메랑과 같은 무기도 실제로 만들어졌다.

법륜은 이 같은 천폭일륜과 전륜을 모델로 해서 만들어진 개념이다. 전륜성왕이 전륜을 가지고 전 세계를 덕으로 정복해서 평화의 세계를 도래케 하는 것처럼, 부처님은 법륜으로 모든 삿된 견해를 물리치고 이 세계를 계몽시킨다는 것이다. 그래서 부처님의 첫 설법을, '법륜을 전개한다'라고 해서 '초전법륜初轉法輪'이라 하며, 인도의 마투라 불상에는 손바닥에 실제로 법륜이 조각되어 있다. 즉 마투라 불상의 손바닥에는 배의 키와 같은 법륜이 있는 것이다. 이 법륜은 어리석음에 잠긴 중생들을 진리로 인도하는 방향키와 같은 역할을 한다. 이러한 부처님의 진리 전개라는 의미를 차용해서 동국대와 중앙승가대 같

※ 초전법륜初轉法輪
처음으로 진리의 차크라, 즉 법륜이 나타나 하늘에서 자전하는 것을 말한다. 일부에서는 이를 '처음으로 법 바퀴를 굴린다.'고 설명하지만 타당하지 않다. 차크라는 덕이 있는 사람 앞에 나타나는 서상瑞相으로 부메랑처럼 회전하는 속성을 가지는 성물聖物이다.

은 조계종의 종립대학은 모두 학교 마크로 이 법륜을 사용하고 있다.

법륜 말고도 사찰에는 일원상이 그려져 있는 모습을 확인해 볼 수도 있다. 일원상은 〈십우도〉의 여덟 번째 그림에서 확인되는데, 도넛과 같은 모양이라고 생각하면 된다. 원에서의 모든 시작은 곧 끝이다. 기독교의 알파와 오메가가 한 점에 있는 것, 그리고 그러한 점들이 모여서 완성하고 있는 원만한 완성이 바로 원이다. 현상에서 우리가 대할 수 있는 것 중 진리를 상징하기에 가장 간명하면서도 좋은 것이 바로 원인 것이다. 그렇기 때문에 이를 차용하여 핵심 상징으로 삼는 종교도 생겨났다. 바로 불교·개신교·가톨릭과 더불어 한국의 4대 종교를 형성하고 있는 원불교이다. 원불교는 엄격하게는 불교와는 다른 신흥종교다. 개신교와 가톨릭이 비슷하면서 다른 것과 같다고 이해하면 되겠다.

원불교는 불교에서 말하는 궁극의 진리를 원상으로 상징한다. 그래서 종교의 명칭이 원불교이며, 원불교의 대학은 원광대학교이다. 원광이란 둥근 빛이라는 의미이니 결국 일원상으로 귀결된다.

마지막으로 매화문이 있다. 이는 사찰의 건축물 중 서까래 끝을 장식하는 흰색으로 찍힌 7개의 점이다. 거북등 같은 6각형의 6개 점 중앙에 1개의 점이 더 찍힌 모양이다. 이 문양과 관련해 우리나라에서는 특별한 명칭이 없는데, 일본에서는 매화꽃과 유사하다고 해서 매화문이라고 한다. 그런데 이 문양은 서원이나 향교의 서까래에서도 발견되는 등 외연이 매우 넓다. 결국 불교의 문양이라기보다는 한옥의 문양인 셈이다.

서까래 끝에 이런 문양을 장식한 이유는, 한옥의 구조상 나무 끝이 빗물 침투로 인해서 잘 썩기 때문에 이를 방지하는 일종의 벽사 기능이라고 이해하면 되겠다. 물론 좋은 전각은 수키와를 꺾어 접은 막새와 와당으로 이 문제를 해소한다. 그러나 격이 떨어지는 건물에는 이를 사용할 수 없기 때문에 주술적인 의미를 부여해 이 문제를 해소하고자 하는 것이다.

그런데 매화꽃이 과연 옛사람들이 생각하던, 빗물이라는 삿된 물기운의 침투를 막아 낼 수 있을까? 매화라는 식물이 물을 빨아들여서 문제를 해소하는 것일까? 그보다는 이 문양을 북두칠성의 변형으로 보는 것이 보다 타당하다. 즉 칠성점의 변화 형태라는 말이다.

북두칠성은 북반구에서 별을 통해 길을 찾는 가장 효율적인 방법으로, 원시 시대부터 신앙의 대상으로 숭배되어 온 별자리다. 이는 우리의 윷판이, 중앙의 북극성을 중심으로 하는 4방위의 북두칠성을 상징하는 것을 통해서도 분명해진다. 즉 4계절에 따른 북두칠성의 움직임이 새겨져 있는 천문도가 바로 윷판인 것이다. 윷판은 선사 시대의 암각화에서부터 발견되는 것으로 매우 오랜 기원을 가지는 신성한 상징이다. 또 후대로 오면 북두칠성은 인간의 수명을 관장하는 신이자, 이를 넘어서 길흉화복을 주재하기도 한다. 바로 이와 같은 강한 상징성을 통해서 건물의 부식 문제를 해결하려는 것이 칠성점으로 이해된다. 옛사람들은 매화가 아닌 칠성의 강력함이 건물의 문제를 해소해 주기를 갈구했던 것이다.

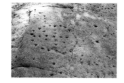

전북 임실 상가윷판 유적
윷판 암각화는 우리나라에 85곳 정도 확인되고 있다.

문자만다라와 만 자

언어와 문자는 신뢰할 수 있는 것일까? 아니면 인간의 의지를 표현하는 수단에 불과한 것일까? 인도에서 유럽에 이르는 인도·유럽어족은 언어와 문자를 신봉한다. 인도불교의 진언과 다라니 또는 진실어를 통한 맹세나 서원 문화는 모두, 언어는 현상을 초월하는 강력한에너지를 가지고 있다는 언어에 대한 깊은 신뢰를 기반으로 한다. 또 『신약』*은 언어에 대한 신뢰를 넘어서 종교 상징까지 담고 있다. 「요한복음」이 전하는 '태초에 말씀이 있었다.'는 신의 제일성第一聲이 바로그것이다. 언어에 대한 신뢰는 웅변술과 수사학의 발달을 초래하고 이는 문자와 연관되어 논리학으로 전개된다.

그러나 동아시아는 언어와 문자를 신뢰하지 않는다. 이는 가장 오래된 문자의 하나인 한자가 가지는 표현의 한계 때문이다. 그래서 동아시아에서는 우리의 '벼는 익을수록 고개를 숙인다.'와 같은 침묵을 미덕으로 강요받는다. 이러한 동아시아 언어 불신의 문화에 불교의 신뢰문화가 입혀지게 된다. 그것이 형상화되는 것이 바로 문자만다라이다. 문자만다라란, 문자의 조합을 통한 도상으로 진리를 상징해서 깨달음에 이르는 수단으로 삼는 것을 의미한다. 즉 만다라*라는 그림이나 부호의 조합 대신 문자가 사용된다는 말이다. 가장 대표적인 경우로 〈금강경탑다라니〉를 들 수 있다. 이는 『금강경』을 9층탑 모양으로 형상화한 것인데, 단순히 탑의 모양으로 만든 것에 그치지 않고 전체가 하나의 길로 연결되는 미로로 되어 있다. 이 미로를 따라가다 보면 『금강경』의 전부를 읽는 것이 되는 동시에 깨달음에 도달하는 형상을 연출

❋ 신약

그리스도교의 성서 가운데 하나이다. 성서는 구약 성서와 신약 성서로 나뉘는데, 구약은 예수 탄생 이전까지 유대교의 경전으로 고대 이스라엘의 역사와 모세의 율법, 시편 등으로 구성되어 있다. 신약은 새로운 약속이라는 뜻으로, 예수의 언행을 기록한 네 종류의 복음서와 제자들의 전도 행각 기록, 편지글, 예언서 등으로 구성되어 있다.

❋ 만다라(曼陀羅, mandala)

본래는 정신적인 완성을 추구하는 명상을 의미하는 것이지만, 일반적으로는 이를 상징하는 그림으로 이해된다. 비밀불교인 밀교에서 주로 발달했는데, 불보살의 배치나 상징을 통해 깨달음의 세계를 표현하는 것이 보통이다. 『대일경大日經』계통의 태장계 만다라와 『금강정경金剛頂經』계통의 금강계 만다라가 대표적이다.

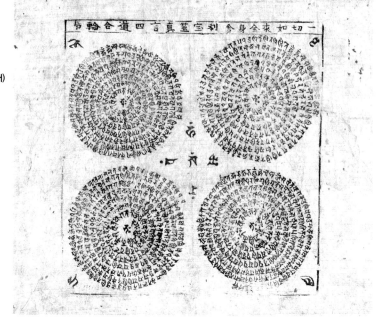

목판으로 찍은 다라니(조선 시대)

복장腹藏

예경의 대상으로 모셔지는 불·
보살상을 제작할 때, 배와 가슴
에 사리를 비롯하여 금·은 등의
금속과 보화 및 다라니나 경전
등 진귀한 물목을 봉안해 생명
을 불어 넣는 것을 말한다. 이렇
게 봉안하는 물품을 복장물이
라고 하고, 이를 통한 종교의식
을 점안點眼의식 즉 불·보살상
의 눈을 뜨게 하는 개안開眼의
식이라고 한다.

하게 된다. 이와 같은 문자만다라는 불상의 복장에 들어가는 다라니가
그림으로 도안되는 인쇄물(복장물)✤ 등에서도 살펴진다. 인도불교의 언
어와 문자에 대한 신뢰가 동아시아의 전통을 변형시키고 있는 것이다.

이 같은 변화는 한국유교에도 영향을 준다. 이렇게 해서 만들어지
는 것이 양촌 권근의 「입학도설」과 퇴계 이황의 「성학십도」 그리고 율
곡 이이의 「심성정도」와 「인심도심도설」과 같은 것이다. 이는 이후로
도 한국 신유학(성리학)의 한 전통으로 남게 되는데, 그 연원은 한국불교
의 문자만다라에 의한 측면이다.

문자만다라는 불교의 대표적인 진언인 '옴 마니 반메 훔'을 쓰는
것이나, 또는 여러 범어나 옴 자 등을 쓰는 문화에서도 발견된다. 그러
나 가장 대표적인 것은 역시 만卍 자라고 할 수 있다. 우리나라에서는

만 자가 불교의 상징으로 인식되고 있지만, 이는 사실이 아니다. 만 자는 아리안족의 태양 숭배와 관련된 상징이다. 만 자의 중앙 정십자는 태양을, 그리고 주변의 꺾인 구조는 태양의 광휘를 나타낸다. 즉 법륜이 인도 원주민의 태양을 상징한다면, 만 자는 아리안족의 태양 숭배를 나타내는 것이다. 그렇기 때문에 만 자는 아리안족이 영향을 미친 모든 문화권에서 고르게 발견되며, 근래에는 아리안족의 순수혈통을 강조한 히틀러에게서까지 사용되기에 이른다.

만 자는 인도에서부터 의미가 발전하면서 '만덕을 총괄하는 길상'이나 '길상의 회오리'라는 의미와 '행운의 총체'라는 뜻으로 인식된다. 이것이 불교를 타고 동아시아로 전래되면서 불교를 나타내는 핵심적인 상징으로 자리 잡기에 이른다. 이러한 만 자의 확대라는 강력한 시대적 요구는 결국 스바스티카śrīvatsalakṣana라는 어려운 이름 대신, 693년 당나라 측천무후(성신황제) 시대에 '만'이라는 음을 가진 한자로 편입되기에 이른다. 이것이 만의 발음을 가지게 되는 것은 만덕을 총괄한다는 의미 때문이다. 그래서 일만 만萬과도 뜻이 통하게 된다. 그렇다면 만 자야말로 상징이 글자가 된 가장 간명하고 유명한 문자만다라라고 하겠다.

이런 만 자는 불교문화의 발달과 더불어 널리 보편화되면서 창덕궁의 꽃담이나 고서의 표지 배경이 되는 능화판※의 문양, 또는 한옥의 문살이나 베갯모 장식 등에서 오늘날까지도 널리 사용되고 있다. 이렇게 놓고 본다면, 만 자야말로 종교를 넘어선 문자만다라의 최고 히트상품이라고 하겠다.

※ 능화판菱花板
능화는 마름꽃으로 예전에는 책의 표지에 연속된 능화 무늬를 찍어서 새기곤 했다. 이렇게 책 표지를 찍어내는 목판을 능화판이라고 한다. 능화문은 실제적인 꽃문양을 새기는 것이 아니라, 능화가 상징화된 반복되는 미로문양으로 되어 있다. 능화문은 시대와 상황에 따라서 기본적인 형태를 바탕으로 다양한 변화를 나타내기도 한다.

33

사찰에서 북도 치고
꽹과리도 쳤다고?

사찰의 대표적인
의식구와 수행구

요령(고려 시대)

종교는 불가분하게 복잡한 의식이나 장엄에 가까워질 수밖에 없다. 아주 소박하고 검소하게 출발했던 어떤 종교라도 마찬가지다. 물론 어떤 선을 넘어서면 비판의 대상이 된다. 하지만 역사를 보면 비판을 했던 집단 역시 시간이 지나면서 종종 비판의 대상으로 몰리기도 한다. 가톨릭을 비판하며 출발한 개신교가 한 모델이 될 수 있다. 개신교는 출발부터 가톨릭의 번잡한 제의와 화려한 건축이 하느님의 뜻과 맞지 않다고 열렬히 비난했지만, 한국만 놓고 봐도 몇몇 개신교 교회의 건축물은 가톨릭의 성당보다 훨씬 더 화려한 모습을 하고 있다. 불교 역시 이런 비판에서 결코 자유롭지 못하다. 역사와 문화적 상황을 고려하지 않고 대형 불사에만 매진하는 모습은 최근 들어 더 잦아지고 있다.

화려함과 사치스러움 그리고 이것과 비견되는 종교적인 장중함이나 유려함은 종이 한 장 차이이다. 어쩌면 본질적으로 이러한 양자의 속성은 같은 것이리라. 하지만 번다함과 사치스러움을 제거한다고 모든 의식과 장엄을 버리기가 결코 쉬운 것은 아니다. 의식이나 장엄에는 분명히 종교적 감동이나 깨침을 도와주는 요소들이 있기 때문이다. 바로 그 '선'을 지키는 것이 어렵다.

이제 마지막으로 사찰 의식에 쓰이는 의식구들을 살펴보려고 한다. 사찰에서 의식구들이 발전하는 데는 다른 종교 조직과 마찬가지

동발(조선 시대)
구멍 부분에 천으로 된 손잡이를 묶어서 사용한다.
보통 바라라고 부른다. 천도재 등의 의식에 주로 사용된다.

로 어떤 필연성이 작용하기도 했지만, 한편으로는 단체 생활을 했던 승려의 생활과도 무관하지 않다. 과거 사찰에서는 스님들이 수백 명씩 살다 보니, 소리를 질러서 의사를 전달하는 데 한계가 있었다. 이런 연유로 신호용구가 발달하기 시작했고, 이것이 사찰의 의식구 발전에 한 축을 담당했다.

대표적인 의식구 목탁

사찰 의식구 중에 가장 대표적인 것이 목탁이다. 예불이나 기도 및 재를 지낼 때 목탁은 빠지는 일이 없다. 이런 의식용구가 없을 때 어떤 상황이 벌어질지는 유교의 제사를 살펴보면 된다. 유교에서는 여럿이 절을 올릴 때 한 사람이 나지막이 구령을 외친다. '배拜 → 입立 → 평신平身'의 순서다. 절을 올리고 똑바로 서며, 절을 다 마쳤으니 공손히 자세를 바로잡으라는 의미이다. 의식용구가 있는 불교에 비해 세련되지 않다는 것을 단번에 알 수 있다.

목탁은 예불이나 재와 같은 의식에 쓰일 뿐 아니라 신호용구로도 사용된다. 대중공사(회의)가 있거나 공양(식사) 시간을 알릴 때도 목탁을 울린다. 또 목탁은 가장 먼저 새벽을 깨우는 도량석※을 할 때도 사용된다. 이때는 목탁이 기상나팔과 같은 역할을 한다. 물론 이렇게 자주 쓰이다 보니 신호가 복잡하겠거니 생각할 수도 있다. 하지만 생각보다 몇 가지 안 되기 때문에 기억할 것이 그리 많지는 않다.

그런데 기도나 재뿐 아니라, 이렇게 실용적인 의미에서 목탁이 사

※ 도량석道場釋
절에서 새벽 예불을 올리기 전에 천지 만물을 깨우고 도량을 청정하게 하기 위해 목탁을 치면서 주위를 도는 의식이다.

용되기도 하지만 결국 목탁은 수행의 도구이다. 불필요한 말을 줄이고 신호로 대체하니 사찰은 자연스레 침묵에 잠긴다. 내면을 돌아볼 시간이 그만큼 느는 것이다.

영적인 것은 쇳소리에 반응한다?

불교 의식구 중에는 금속을 재료로 한 것들이 꽤 있다. 대표적인 것이 종이다. 종은 법고·운판·목어와 함께 누각이나 종각에 위치하고, 이 넷을 통틀어 불전사물佛殿四物이라고 부른다. 사물은 법고-길짐승, 운판-날짐승, 목어-물고기라는 각각의 영역을 가지고 있는데, 종은 지옥을 담당한다. 종을 울리는 이유는 지옥에서 고통 받는 이들에게 평안을 주고 이들을 구제하겠다는 의미인 것이다. 그래서 종을 치면서 하는 종송도 '이 종소리가 널리 퍼져서 철위산 사이 지옥의 어두움이 모두 맑아지고, 칼산으로 된 지옥이여 무너져라[願此鐘聲遍法界 鐵圍幽暗悉皆明 三途離苦破刀山(一切衆生成正覺)].'로 시작된다.

이 밖에 손으로 잡고서 흔들어 치는 작은 종도 있다. 이를 흔히 요령搖鈴이라고 한다. 크기와 모양은 다르지만 이 역시 49재나 천도재 등을 지낼 때 돌아가신 영혼을 위무하기 위해 사용된다. 불교에는 시다림尸陀林이라는 의식이 있다. 돌아가신 분의 3일장 전에 가서 염불을 해주고 영혼을 깨끗하게 씻겨 부처님의 가르침을 듣도록 하는 의식이다. 이때 하는 의식에는 대부분 요령이 사용된다. 그런데 상여가 나갈 때 상두꾼*도 이 요령을 흔들며 상엿소리를 한다. 여하튼 요령의 쇳소리

✽ 상두꾼
상여의 앞에서 상여가 장지까지 이르도록 망자와 상여꾼들을 인도하는 역할을 하는 사람이다. 상두꾼은 요령을 울리며 구슬픈 상엿소리를 통해서 망자의 길을 열고 추모하며 상여꾼들을 통솔한다.

도 종과 같이 죽은 사람을 인도할 때 주로 사용된다.

이외에도 지금은 우리나라의 불교의식에서 완전히 사라져 박물관에서나 만나 볼 수 있는 의식용구로 육환장이 있다. 육환장은 스님들이 가지고 다니는 지팡이로, 머리 쪽에 여섯 개의 금속 고리가 달려 있다. 지금이야 육환장 하면 지팡이로 생각하는 사람이 많지만, 과거에는 짧은 단장短杖이 있었고 이것을 흔들어 의식용구로 사용하였다. 일본불교에는 이 짧은 육환장이 오늘날까지 의식용구로 사용되고 있다. 그런데 이 육환장 역시 영혼과 관련된 의식에 주로 사용된다. 즉 금속과 관련된 용구는 운판을 제외하고는 대부분 영혼과 관련된 의식에 사용되는 것이다. 그래서 '죽은 영혼은 쇳소리에 반응한다.'는 말까지 생겨났다.

요령과 관련된 재미있는 속담도 있다. '도사 앞에서 요령 흔든다.'가 그것이다. '공자 앞에서 문자 쓴다.'와 비슷한 의미를 갖고 있는데, 우리나라에서는 도교가 발달한 적이 없기 때문에 중국에서 전래된 것이 확실한 속담이다. 이 속담은 중국 도사들이 상두꾼 역할을 했기 때문에 만들어진 것으로 보인다. 십수 년 전에 유행했던 강시 영화에서 이런 장면을 종종 봤는데, 인도의 악기인 요령이 중국으로 전래되어 불교보다 오히려 도교에서 전매특허와 같은 용도로 사용되었다는 사실이 무척 흥미로웠던 기억이 난다.

징과 꽹과리도 사용했던 불교의식

요즘은 예불 때 북을 치는 모습을 볼 수 없지만, 과거에는 불교와 관련된 모든 의식에 북이 빠지지 않았다. 중국과 일본불교에서는 아직도 예불 때 북을 치는데, 북을 치면서 예불을 올리면 가슴이 쿵쾅쿵쾅한 것이 여간 감동적이지 않다.

북 외에 과거에는 불교의식에 징이나 광쇠(꽹과리)도 사용되었다. 사물놀이를 할 때 쓰는 악기들과 진배없다. 물론 이런 용구들이 사용되는 이유는 사물놀이와는 다르다. 종교의식을 고취하기 위해 사용되었고 소리도 강약이 철저히 절제되었다. 사용하는 방식 역시 약간 다르다. 사찰의 광쇠는 꽹과리처럼 들고 치는 것이 아니라 바닥에 놓고 작대기를 두들기면서 작은 북과 함께 염불하는 용도로 사용되었다.

아직도 철야정진 때 북을 사용하는 경우를 종종 본다. 하지만 징이나 광쇠를 활용하는 경우는 거의 보지 못했다. 특히 조계종 스님들 중에는 이런 의식용구 사용하는 것을 무척 싫어하는 분들이 있다. '안에서 찾아야지 그렇게 자꾸 밖에서 찾으려고 하면 되냐.'는 핀잔인 셈이다. 심지어 '절이 무당집이냐.'는 볼멘소리도 나온다. 선종을 표방하는 종단의 스님들로서 당연한 말일지도 모른다. 하지만 그 명맥마저 끊기는 건 무척 아쉬운 일이라는 생각이 든다.

선종의 수행 도구

불교 의식구는 의식구인 동시에 기도나 절을 할 때 사용되는 수행구이기도 하다. 하지만 누가 봐도 명백하게 구분된 최초의 수행구는 선종의 죽비라고 할 수 있다. 죽비란 대나무의 양쪽을 70퍼센트 정도

갈라 만든 것으로 양쪽이 부딪치면 제법 큰 소리가 난다.

죽비 중에는 장군죽비라는 것도 있다. 명칭대로 이해한다면 죽비의 대장이라는 것이니, 거대한 죽비임에 틀림없다. 일반적으로 장군죽비라고 하면, 선원에서 경책용으로 사용하는 거대한 대나무 죽비라고 생각한다. 그러나 장군죽비는 가로 10센티미터 세로 180센티미터 정도 되는, 세로로 긴 널빤지이다. 즉 대나무가 아니어도 죽비라고 하는 것이다.

죽비는 본래 참선 수행과 관련된 수행구이다. 그러나 이러한 죽비 역시 점차 의식용구로 쓰임이 확대된다. 작은 죽비는 선원에서 예불 때 목탁 대신 신호용구로 사용된다. 이를 두고 죽비 예불 또는 죽비삼성竹篦三聲이라고 한다. 죽비 예불은 간단해서 죽비소리 3번만으로 예불이 모두 끝나기 때문에 이런 이름이 붙었다. 선 수행의 단도직입적이고 간결한 묘미가 절로 느껴지는 부분이다. 또 죽비는 큰스님에게 법문을 청하고 잠시 마음을 가다듬는 입정入定 때도 사용된다. 이 경우는 죽비가 수행용구에서 신호용구로 전환된 예라고 하겠다.

『작법귀감』의 「격금규」, 『선문수경』의 〈간당작법〉 등에는 장군죽비가 의식구로 사용된 예도 살펴진다.

❋ 인드라
희랍신화의 제우스와 유사한 신 중의 왕이다. 때문에 신들 중의 최고라는 의미로 천중천天中天이라고도 한다. 불교에서는 제석천으로 번역되며, 단군신화에 등장하는 석제환인 역시 제석천의 변형이다.

밀교의 수행 도구

밀교의 수행구와 관련해서 가장 주목되는 것은 금강저이다. 금강저는 본래는 인도 아리안족의 주신主神인 인드라❋ 신의 무기이다. 이후 끝

이 삼지창처럼 갈라지고 아래쪽에 손잡이가 있는 형태로 변형돼 '최강 군주'의 권위를 상징하는 무기가 된다. 그리고 그 권위가 종교적으로 수용되면서는 양쪽이 삼지창 같은 작은 모습으로 또 한 번 변형된다. 밀교에서는 금강저를 가지고 있으면, 인드라와 같은 권위를 지녀, 모든 삿된 것을 물리치고 깨달음에 효율적으로 이른다고 생각한다. 그래서 밀교의 승려들이 주로 지니게 되는데, 우리나라도 원나라 간섭기를 거치면서 밀교 계통인 티베트불교(후기밀교)의 유입으로 금강저 제작이 늘어났다. 이후 불상이나 불화를 새로 조성하는 점안 의식에서 삿된 것을 물리치기 위한 용도로, 혹은 관욕 의식에서 망자의 부정을 씻겨 주는 용도로 활용되었다.

　　마지막으로 언급할 것으로는 윤장대輪藏臺가 있다. 과거에는 문맹의 비율이 매우 높았다. 그래서 민중이 불교경전을 본다는 것은 매우 어려운 일이었다. 티베트불교에서는 이를 해소하는 방편으로 경전을 동그란 통 안에 넣고 돌리게 했다. 이렇게 해서 한 바퀴 돌리면 한 번 읽은 것과 같은 공덕이 생긴다는 것이다. 이것을 마니차라고 하는데 경통經筒이라는 의미다. 마니차는 휴대용으로 제작된 것도 있는데 티베트인들은 오늘날도 쉼 없이 이것을 돌린다. 경통을 돌릴 때는 반드

티베트의 경통인 마니차

시 오른쪽으로 돌려야 하는데, 왼쪽으로 돌리게 되면 공덕이 산출되지 않고 역으로 재앙이 내릴 수도 있다. 이는 인도의 오른쪽, 즉 시계 방향 문화에 따른 것이다.

우리에게도 이런 윤장대 문화가 있다. 경북 예천 용문사 대장전에는 제작 기원이 고려 중기로까지 소급되는 윤장대(보물 제684호)가 아직도 멋진 모습으로 남아 있다. 윤장대가 있는 대장전은 대장경을 모신 전각으로 경전을 보관하던 곳이다. 이곳에 경전을 넣어서 돌리는 윤장대까지 함께 만들어 모셨던 것이다. 윤장대는 나무로 제작돼 전체가 돌아가는 구조로 되어 있기 때문에 파손율이 높아 보존되는 경우가 드물다. 그러나 최근 들어 강화도 보문사나 평창 월정사 등에서 새롭게 조성한 것들이 있어 체험해 보는 것은 어렵지 않다. 티베트불교의 윤장대에는 천장에 횟수를 알 수 있게 소종을 칠 수 있도록 되어있는 것도 있다. 사람이 윤장대를 한 바퀴 돌리면 위쪽의 돌출된 막대기가 소종을 치도록 설계되어 몇 바퀴 돌았는지를 쉽게 알 수 있도록 해 놓은 것이다. 그러나 이와 같은 구조는 우리나라의 윤장대에서는 찾아볼 수 없다.

티베트인들은 오늘날에도 다리와 같은 곳에 경전을 인쇄한 룽다를 만국기처럼 늘어뜨려 놓고 있다. 그 다리를 지나간 사람은 모두 그 경전을 한 번 읽은 것이 된다는 의미다. 경통이나 윤장대와 방식은 다르지만, 결국 같은 뜻이라고 하겠다.

경통이나 윤장대를 돌리고 경전이 펄럭이는 다리 위를 건넌다고 해서 어떻게 경전을 이해할 수 있겠는가? 그러나 문맹의 민중으로 하여금 지혜의 구원자인 부처님께로 다가가게 하려는 마음은 참으로 미쁘고 다정하지 않은가! 이러한 친근함이 경전은 아니더라도 경전을 읽은 것과 진배없는 공덕을 산출하는 코드는 아닐는지. 그들의 소박한 믿음이 때로 어쭙잖은 지식보다 더 소중한 느낌으로 다가오는 것은 세월의 흔적 때문만은 아닐 것이다.

예천 용문사 윤장대(고려 시대)

사진출처

OPEN [아이콘] **국립중앙박물관_** 63 76–좌 79 80 83–좌 86 92–좌 103 111 114 139 174 175 204 205 208–1 208–2 222 223 227 228 230 234 238 246 251 254 258 262–좌 262–우 270 292 294 295 301 | **문화재청_** 303 | **국립경주박물관_** 18 | **동국대학교박물관_** 212 | **월정사(박물관 및 상원사)_** 97 207 | **문소운_** 275 | **영주시_** 22 | **범어사_** 55 | **중흥사_** 30–상 30–하 | **하지권_** 152 190 198 | **자현 스님_** 17 33 47 54 56 64 65–좌상 65–우상 65–우하 65–좌하 67–좌 67–우 68 71–상 71–좌중 71–우중 72 74 81 83–우 84 87 89 110 116 123–우 128 129–좌 129– 좌 135 163 167 169 172 180–좌 180–우 188 231 259 265–상 265–하 267 272 279 | **LEE_** 15 32 42 48–좌 48–우 50 58 92–우 102 126 144 147–상 147–하 149–상 149–좌하 149–우하 192 196 236 239 245 271

일주문에서 대웅전 뒤편 산신각까지
구석구석 숨겨진

사찰의 비밀

© 자현 2019

초판 1쇄 발행 2014년 9월 26일
개정판 1쇄 발행 2019년 5월 29일
개정판 5쇄 발행 2024년 5월 15일

지은이 자현
펴낸이 오세룡
기획·편집 여수령 허승 정연주 박성화 손미숙 윤예지
취재·기획 곽은영 최윤정
본문 디자인 강진영(gang120@naver.com)
　　　　　　 고혜정 김효선 최지혜
홍보·마케팅 정성진

펴낸곳 담앤북스
　　　　 서울특별시 종로구 새문안로3길 23 경희궁의 아침 4단지 805호
　　　　 대표전화 02)765–1251　 전송 02)764–1251　 전자우편 damnbooks@hanmail.net
　　　　 출판등록 제300–2011–115호

ISBN 979–11–6201–164–5 (03220)

이 도서의 국립중앙도서관 출판예정도서목록(CIP)은 서지정보유통지원시스템 홈페이지(http://seoji.nl.go.kr)와
국가자료종합목록 구축시스템(http://kolis–net.nl.go.kr)에서 이용하실 수 있습니다. (CIP제어번호 : CIP2019020165)

정가 19,000원